Mentalmente sano y feliz

José Luis Carrasco

Mentalmente sano y feliz

Mitos y realidades de la salud mental

Papel certificado por el Forest Stewardship Council®

Primera edición: octubre de 2023

© 2023, José Luis Carrasco Perera
© 2023, Penguin Random House Grupo Editorial, S. A. U.,
Travessera de Gràcia, 47-49. 08021 Barcelona

Penguin Random House Grupo Editorial apoya la protección del *copyright*.
El *copyright* estimula la creatividad, defiende la diversidad en el ámbito de las ideas y el conocimiento, promueve la libre expresión y favorece una cultura viva. Gracias por comprar una edición autorizada de este libro y por respetar las leyes del *copyright* al no reproducir, escanear ni distribuir ninguna parte de esta obra por ningún medio sin permiso. Al hacerlo está respaldando a los autores y permitiendo que PRHGE continúe publicando libros para todos los lectores.
Diríjase a CEDRO (Centro Español de Derechos Reprográficos, http://www.cedro.org) si necesita fotocopiar o escanear algún fragmento de esta obra.

Printed in Spain — Impreso en España

ISBN: 978-84-666-7625-0
Depósito legal: B-13.727-2023

Compuesto en Twist Editors

Impreso en Rodesa
Villatuerta (Navarra)

BS 7 6 2 5 0

Índice

Prefacio............................... 9
Introducción. ¿Estoy mentalmente sano?..... 13

1. Salud mental y trastorno mental 21
2. Quién es mentalmente sano 51
3. Salud mental y bienestar 183
4. El estigma de la salud mental 205
5. Salud mental y felicidad 219

Epílogo 301

Prefacio

Este libro se escribe desde la experiencia clínica y desde el estudio de las ciencias humanas. Son palabras, reflexiones y recomendaciones que hace un psiquiatra con muchos años de experiencia, escritas para todas aquellas personas que no son profesionales de la salud mental. En los últimos tiempos, mucha gente opina y escribe sobre la salud mental y sobre los comportamientos de las personas. Proliferan los libros de autoayuda y los manuales de consejos para alcanzar la felicidad. En una conocida aplicación de audios grabados (lo que hoy se conoce sobre todo como «podcast») encontré hace poco tiempo centenares de ellos dedicados a la búsqueda de la felicidad. Y comprobé que en los últimos años este concepto se ha asimilado al de la salud mental, tan de moda recientemente.

Los no profesionales en psiquiatría o en psicología clínica reciben un aluvión de recomendaciones y de pautas para tener una mente sana y una vida feliz. Y las personas en general, desde la propia incertidumbre que conlleva nuestra existencia humana, tienden a mirar a los profesionales como a los antiguos oráculos. Incluso pueden llegar a creer que poseemos el conocimiento de la verdad y que sabemos las claves para ser felices y sanos. Mis pacientes y mis amigos, por ejemplo, me miran como si yo estuviera protegido de la infelicidad por mi conocimiento de las claves de la salud mental. De hecho, creen de verdad que soy un especialista en ellas, y, por tanto, en la existencia de esas claves.

La gente tiene necesidad de conocer y de creer, como ha sucedido en todas las épocas. Las personas sienten que les ha tocado controlar sus vidas y buscan orientaciones y explicaciones que les ayuden a sentirse más seguras en esta difícil tarea. Y también buscan referencias, conocimientos o revelaciones que puedan darle sentido al proceso histórico de su vida. Por ello, el papel que juega el experto informador y consejero es de máxima importancia en los estados mentales individuales y colectivos de la población.

En algunos casos, los expertos vienen del mundo de la psiquiatría o de la psicología. En otros son personas con una experiencia vital y buena capacidad de comunicación que proceden de otras áreas. A veces se utiliza un lenguaje llano y unos mensajes extraídos del saber de lo cotidiano, y en otras ocasiones se intenta explicar desde el conocimiento científico.

Este último es mi caso y desde esta perspectiva quiero contar este libro, enriquecido por las experiencias de muchos años y el saber de otras disciplinas del pensamiento humano a lo largo de la historia. Hablar y aconsejar sobre la salud mental desde el rigor científico no es tarea fácil y es muy posible acabar escribiendo un libro que solo soportarían los profesionales de la psiquiatría y la psicología. Así que he intentado contarlo de manera que lo entienda todo el mundo, sin por ello reducirlo a un cuento infantil que desvirtúe el mismo saber científico. Los lectores no tienen por qué ser profesionales del ramo, pero sí poseen la capacidad de entender e ilusionarse con el conocimiento desde un pensamiento propio y crítico. De hecho, esto es lo que, en mi opinión, debemos estimular los profesionales escritores: tenemos que informar para crecer y madurar, no para infantilizar a los lectores.

Con todas estas dudas y temores sobre simplificar excesivamente lo que es rico y complejo, me he lanzado a escribir este libro sobre la salud mental y la felicidad.

Existen demasiados mitos, informaciones erróneas, simplificaciones peligrosas y hasta intentos de manipulación de la salud mental. En este contexto he querido aportar mi parte a los lectores, desde mi conocimiento como médico, psiquiatra y profesor universitario de psiquiatría.

Esta obra no pretende ser un libro de autoayuda o un manual de terapia, pero sí quiere transmitir un conjunto de reflexiones sobre los aspectos científicos y humanos que condicionan la salud mental y el bienestar de las gentes, con la idea de iluminar algunas mentes. Iluminar, sí, dar luz para que encuentren sus propias verdades y conclusiones en este barullo asfixiante de mensajes y de consejos para llegar a estar mentalmente sanos y felices. No quiero, ni puedo, decirles a mis lectores cómo ser sanos y felices. Solo quiero arrojar luz en algunas sombras, para que cada uno pueda ver mejor su verdad. Espero que les sea de utilidad y que además les resulte ameno y disfruten leyéndolo.

Introducción

¿Estoy mentalmente sano?

Esta pregunta no va a ser fácil, porque antes tendremos que encontrar a alguien que sepa definir lo que es la salud mental. Winston Churchill, por ejemplo, salvó al mundo de la barbarie con sus valientes decisiones. Pero no está claro que estuviera mentalmente sano. Le gustaba mucho el alcohol, era muy impetuoso y resulta probable que tuviese un cierto grado de bipolaridad. Pero si hubiera sido de otra forma, habría negociado con los nazis, tal como le pedían los aristócratas y los conservadores británicos. El mismo Hitler pensó que Churchill era más sano mentalmente que él mismo y que, por lo tanto, negociaría, como una persona normal, y se repartiría el mundo con él antes que seguir en solitario con la guerra. Y se equivocó.

Algo parecido sobre la salud mental podríamos decir del pintor Pablo Picasso, de los alpinistas que escalan las montañas del Himalaya una y otra vez, o de las religiosas y religiosos que optan por una vida de clausura en un monasterio.

> *Hablando de esto, unos padres con una marcada filiación religiosa y alta posición económica vinieron a mi consulta preocupados porque su hijo de dieciocho años quería ser sacerdote. Esto, lejos de ser un motivo de alegría para ellos, les llevó a mi consulta para que explorara a su hijo y averiguara si estaba mentalmente sano. Mi juicio diagnóstico fue que no padecía ningún trastorno mental que afectara a su razonamiento o voluntad. El joven era buen estudiante y tenía un círculo de amigos. Pero la respuesta no fue suficiente para los padres. Querían saber si una persona sana puede optar por ser cura cuando puede ser ingeniero o financiero.*

¿Quién va a responder a la pregunta de si es sano emparejarse con una persona de condición social muy distinta, o estudiar la carrera de Filosofía cuando todos los demás dicen que se tiene una mente prodigiosa para las matemáticas, o sobre si es sano frenar la carrera profesional para dedicarse a la crianza de los hijos?

En este libro nos moveremos entre estas dudas, como lo han hecho siempre los pensadores de la filosofía y de la medicina. Algunos filósofos se atrevieron a reflexionar sobre las formas de acercarse a la felicidad. Platón nos invitaba a aproximarnos a nuestro ideal conjugando el ejercicio de la razón y la rectitud moral hacia la comunidad. Lo de la rectitud no le gustó mucho a un tirano al que asesoraba y casi le cuesta la vida. Aristóteles era más tendente al desarrollo de la potencia personal dentro de una ética razonable y universal. El emperador romano Marco Aurelio, el hombre más poderoso del mundo en su época, escribió que el camino a la felicidad está en el ejercicio de las virtudes: la templanza, la paciencia, la valentía, la honestidad, el bien común. Aunque la verdad es que todo esto lo escribía mientras fulminaba a los germanos que pretendían entrar en el imperio cruzando el río Rin.

En tiempos posteriores, desde que empezamos en el siglo XVIII a ser racionalistas y a olvidarnos de la vida eterna, la felicidad no hay por dónde cogerla ni cómo entenderla. La razón dice que cuanto más bienestar tengamos, más felices seremos, así que igualamos la felicidad al bienestar. Debemos encontrarnos bien en esta vida con lo que tenemos, aunque parece claro que el bienestar resulta más fácil para los acaudalados y poderosos.

Pero para oponerse a lo anterior estaban algunas religiones, que afirmaban que el bienestar material no trae la felicidad sino la insatisfacción continua. De esta manera, el bienestar profundo que lleva a la felicidad está en la generosidad y en la entrega. Esta idea era más bien católica y los luteranos optaron más por la idea racionalista de que la prosperidad da la felicidad.

En esta idea de que ni la razón, ni el orden ni el reparto de los bienes llevan a la felicidad no estuvo sola la religión. Los filósofos existencialistas del siglo XIX, con nombres tan difíciles de pronunciar como Schopenhauer o Kierkegaard, señalaron que ni la razón universal ni un gobierno perfecto van a hacernos felices. Porque el individuo tiene un anhelo profundo que lleva a una insatisfacción permanente, imposible de explicar por la razón. Estamos abocados a un vacío existencial y seremos infelices y estaremos insatisfechos siempre, salvo que pensemos en algo más allá de nosotros mismos, lo que llamamos vivir de manera trascendente.

Para salir de esa insatisfacción algunos pensadores propusieron la aceptación espiritual del sufrimiento (Kierkegaard), mientras que otros optaron por la grandiosidad, bien mediante la eliminación de las barreras morales (Nietzsche) o mediante un cambio revolucionario de las relaciones socioeconómicas (Marx).

En el siglo xx, los pensadores también intentaron encontrar los motivos de nuestra insatisfacción a través de los sentimientos, no de la razón. Uno de ellos, Max Scheler, empezó a hablar de que a las personas no se las puede explicar, sino que hay que comprenderlas. Parece que tengan un misterio dentro que no es posible alcanzar con la razón. Por eso hay personas con un gran bienestar económico y físico que parecen infelices, tipos muy inteligentes que están amargados y otros un poco tontos que parecen vivir felices.

Pero ninguno de estos grandes pensadores que hablaron sobre la felicidad y sobre la insatisfacción se atrevió a definir la salud mental. Hablaron en ocasiones de locura y de cordura para referirse a conductas extravagantes. Pero no osaron definir al individuo mentalmente sano. Porque «sano» podía ser un racionalista aburrido y poco social como Kant, un visionario como Napoleón o un romántico empedernido como el poeta Mariano José de Larra (que acabó suicidándose por algunas faenas muy gordas que le hizo su amante, pero que tenía unas ideas muy lúcidas sobre el progreso y vivió una vida muy coherente y valiente). O incluso podría ser sana una mujer que labraba la tierra y cuidaba de sus hijos en un pueblo de Irlanda mientras su marido pasaba horas en la taberna (o no, tal vez era una insana dependiente, reprimida y sumisa).

El bienestar y la felicidad sin duda se parecen mucho, pero esta última no es equivalente en exclusiva al bienestar material y emocional. Y todavía resulta más discutible que bienestar, felicidad y salud mental sean la misma cosa. Porque, además, como acabamos de ver, no hay quien tenga autoridad suficiente para definir lo que es la salud mental o la felicidad.

Pues a pesar de todo lo anterior, todavía en las últimas décadas hay pensadores y políticos que insisten en que no somos felices porque las estructuras sociales nos oprimen. Si los humanos no hubiéramos creado tantas restricciones, obligaciones, moralinas y demás normas, tendríamos libertad absoluta, bienestar y felicidad. Suele expresarse habitualmente como «que la sociedad nos obliga a trabajar, o a pensar de tal o cual manera…». Esta postura no admite que el mundo natural en sí conlleva un cierto grado de tensión y de sufrimiento, y sus adeptos siguen proponiendo que una ideología utópica de gobierno puede eliminar todo malestar y tiene que ser la que nos lleve a la salud mental, al bienestar y a la felicidad.

Y aquí es donde volvemos a la pregunta primera: ¿quién decide lo que es mentalmente sano? En un mundo donde hemos destituido a Dios solo puede ser un gobierno o una institución humana quien elabore los Diez Mandamientos de la Salud Mental. Estos tendrán que indicar qué actitud es la más sana ante un familiar anciano y enfermo: cuidarlo o dejarlo en una residencia. También habrán de definir cuál es el límite saludable de aguante en una pareja. O cómo saber si estamos renunciando de manera sana a algo o más bien estamos siendo sumisos y cobardes. O qué debemos hacer con una persona que nos produce estrés: comprenderla o quitárnosla de encima. O cuánto ejercicio hacer, o en qué medida tenemos que preocuparnos por nosotros mismos o por los demás, o qué cantidad de televisión hay que ver para ser mentalmente sano. Y, siguiendo, podemos llegar a escribir una enciclopedia. Pero estos nuevos mandamientos se resumirán no en dos, como en la Biblia, sino en uno: el hombre, siguiendo las instrucciones del Estado, tiene derecho a estar sano y feliz. Bueno, tiene derecho y también la obligación de serlo. Una vez establecidas las pautas, uno ya no puede quejarse de que sigue siendo infeliz.

Lo siento, ya les dije al principio que esto no iba a ser fácil. Pero tampoco nos pongamos fatalistas, para eso no empezaríamos a escribir un libro. La historia del mundo y muchas décadas de ciencia psiquiátrica nos permiten buscar claves para mejorar nuestra felicidad. Tenemos las herramientas para pensar qué es la salud mental y distinguirla de qué son el bienestar y la felicidad. Y aunque las tres tienen mucho en común, en algunos momentos pueden ser opuestas, tal como veremos luego. Y en este libro vamos a mostrar cómo aspirar a cada una de ellas: a la salud, al bienestar y a la felicidad. Y si en algún caso no son compatibles, que cada cual opte por la que prefiera.

1

Salud mental y trastorno mental

Salud y salud mental

Es asombroso lo claro que parecemos tener el concepto de salud mental. Sin embargo, no sucede lo mismo con otros como la salud cardiaca. En principio, una mente sana debería ser más difícil de definir que un corazón sano: aquel que bombea la sangre con fuerza y que late con regularidad. Una mente sana, sin embargo, no es un asunto tan fácil de describir. Podríamos decir, por ejemplo, que es aquella que no padece trastornos mentales.

Pero actualmente, gracias al avance de la medicina preventiva, tanto la salud cardiaca como la mental significan algo más que no padecer trastornos del corazón o de la mente. Un corazón sano no es solo el que funciona bien, sino el que además no tiene placas de colesterol en sus paredes, ni estrechamientos en las arterias coronarias ni tampoco calcificaciones en las válvulas. Si no está sano, el corazón que funciona bien dejará pronto de hacerlo. Una mente sana es aquella que permite al individuo encontrarse a gusto en el entorno y funcionar con autonomía, y que además no le predispone a tener trastornos mentales.

Algunos autores insisten en que la salud mental depende principalmente de las condiciones del medio social en que vivimos y vienen a decir que esta mejora cuando lo hace el nivel de vida. En parte, esto es cierto, porque la mejora del nivel económico y la disminución de la carga de trabajo ayudan a tener menos estrés. Pero es una evidencia, que todos vemos, que tener más dinero y trabajar menos no vuelve a las personas más sanas de manera automática. No obstante, sí es cierto que la penuria económica y la falta de tiempo por exceso de trabajo reducen la salud mental de las personas.

> *Hace poco tiempo visitaba en mi consulta a una joven de veinticinco años, farmacéutica, que padecía depresiones recurrentes y había intentado suicidarse en varias ocasiones. Había mejorado mucho con el tratamiento y se encontraba bien de ánimo. Hablamos de si se podía organizar su vida de alguna ma-*

nera mejor que la actual y de si eso podría repercutir en que tuviera menos depresiones. También comentamos si sus actitudes mentales eran mejorables y de si estas la acercaban a la felicidad o al bienestar. Hablamos de su tendencia a evitar los conflictos, de su intolerancia a los errores propios y de la aparente «normalidad» de todo su entorno afectivo. Tenía una profesión que no era mala y un novio desde hacía varios años con el que estaba bien, aunque este no trabajaba, y con el que se sentía acompañada. Todo el mundo, y ella misma, la consideraba una persona dependiente, lo que le hacía tener pánico a los cambios. Sin embargo, al explorar su relación sentimental actual y las anteriores, se veía que ella era la que se hacía cargo de llevar la relación adelante y de cargar con la parte laboriosa.

Luego entraron sus padres y la madre le decía a su hija: «Tienes que cuidarte y hacerlo bien esta vez para que ya sea la definitiva y no tengas más depresiones. Haz caso al doctor, ya hemos sufrido mucho».

Cuando le pregunté a la madre a qué se refería con lo de «tienes que cuidarte», surgió que no debía comer dulces, adelgazar, tomarse bien el tratamiento, no padecer estrés, llevar una vida sencilla, tener paciencia y poco más.

Quiero sugerir con este caso que, si aplicamos el mismo razonamiento de la salud cardiaca a la mental, tendremos que ponernos de acuerdo en qué es una vida mentalmente saludable y qué es cuidarse mentalmente. Algunas personas, como era el caso de los padres de la paciente, pensarán que es bueno tener una vida con poco estrés, que evite los cambios y los conflictos, en la que la persona se acomode y se conforme con lo que tiene, sea fuerte y aguante los problemas. Estos consejos, que parecen estupendos desde una perspectiva relajante y de las filosofías orientales, resultarían letales para esta paciente. Porque lo que ella solía hacer era evitar los conflictos e intentar realizarlo todo a la perfección para que nada saliera mal. Y si algo no iba bien, lo incorporaba de manera inconsciente a sí misma y acababa convirtiéndolo en un fallo suyo, una depresión, un autorreproche, autodesprecio e impulsos de autodestrucción.

También podría decírsele a la paciente que lo mentalmente sano es una mente equilibrada, estable y bien ordenada, para evitar así el estrés del desorden y de la incertidumbre.

No obstante, también la estaríamos condenando a más depresiones. El exceso de orden y de perfeccionismo era su proceder habitual, y precisamente actuaba de esta manera porque le aterraban los cambios. Para evitar cualquier alteración en el orden de su vida era capaz incluso de renunciar a la búsqueda de una mayor felicidad. De esta manera, no expresaría discrepancias con sus superiores y compañeras de trabajo, evitaría contrariar a sus padres, que le servían de apoyo y consejo continuo, y tampoco no le diría a su suegra que no se metiera tanto en su vida de pareja. Y, por supuesto, evitaría ni siquiera pensar si se siente bien en la relación con su pareja.

Quizá le fuera mejor a nuestra paciente si el experto en salud mental le aconsejase, como actitudes saludables para la mente, conductas orientadas a la exploración y al conflicto emocional. Un terapeuta aguerrido y rompedor le diría que tiene que liberarse de la opresión familiar y de los sentimientos de culpa, que debe cambiar una relación que no la hace feliz por otra mejor, y quizá por varias no estables a la vez. Que tiene que ser independiente, olvidarse de responsabilidades y ocuparse de sí misma, que debe reconocer su ira y expresarla de alguna manera.

Y a este terapeuta quizá no le falte parte de razón. Pero el primer problema es que pretender que una persona cambie sus hábitos psíquicos de un día para otro puede llevarla al desastre. Y el segundo es que algunos de los consejos pueden ser convenientes, pero otros no tanto, porque las personas no son todas iguales ni tampoco son sencillas. Quizá a nuestra paciente le vendría bien ir poco a poco adquiriendo hábitos de vida más orientados a la experiencia, a probar cosas nuevas y a la búsqueda del bienestar. Pero hacerle creer que lo sano es liberarse de las responsabilidades y centrarse en sí misma y no en los demás puede resultar trágico y acabar en una psicosis. A lo mejor, a algunas personas este hábito mental les ayuda a sentirse mejor, pero a otras no, como a nuestra paciente, precisamente porque sentirse responsable y cuidadora de otros forma parte de su personalidad y ayuda a su felicidad.

En la salud mental, las cosas no son tan sencillas como en el corazón. Se puede ser sano siendo muy responsable, ordenado, metódico y llevando el trabajo al día, pero también siendo flexible, tomándose las cosas con calma y despreocupación, improvisando y haciendo otras cosas por el estilo. Las pautas para la salud mental variarán en función de las características individuales, su personalidad, su educación y el medio social en el que vive.

En cuanto al corazón, todos los profesionales parecen tener claro qué es la salud cardiaca, pero, en lo mental, hay que ponerse de acuerdo primero en el significado del concepto, porque puede haber distintas versiones.

La salud bucodental también está muy de moda y podría servirnos de ejemplo. En este caso, los trastornos serían las caries, las infecciones dentales o las úlceras bucales. Y la salud bucodental consistiría en tener una boca limpia, sin acumulación de placa bacteriana ni sarro. Pero incluso aquí se nos plantea una duda: ¿tener los dientes amarillentos o blanqueados forma parte de la salud dental o es solo una cuestión de estética?

Así que, si encontramos problemas para ponernos de acuerdo en lo que es una boca saludable, imaginemos los que tendremos para definir una mente sana. Alguien tendrá que decidir si es más sano ser impulsivo y despreocupado o, por el contrario, ser ordenado y metódico. O qué es preferible, andar con arrogancia y superioridad o ir más de humilde por la vida. Y ocurrirá que cada cual lo hará según su manera de entender lo que es correcto.

También habrá que definir el límite entre un comportamiento anómalo y uno sencillamente divergente de lo común. Podremos poner el límite en las pintas que lleva una persona en concreto, o en que resulta insoportable, o bien en que no se relaciona mucho, no es fiable o hace cosas ilógicas o extravagantes. Se supone que esos criterios de salud mental deberíamos marcarlos los médicos psiquiatras y los psicólogos clínicos. Pero lo mismo los ponen los políticos y los grandes lobbies de poder, y no estoy bromeando.

El trastorno mental

En este punto hay que señalar que las personas de a pie tienen a menudo más sentido común que los teóricos de la psiquiatría y de la psicología, y por supuesto que los ideólogos. Y suelen poner el límite de la salud mental en el desequilibrio. Allí donde perciben que la persona ha perdido la mesura y va camino de estrellarse o de estrellar a los demás. Y en esto, el ciudadano común coincide con la medicina en lo que es un trastorno.

A menudo escuchamos: «La gente está cada vez más loca [que es un sinónimo de enferma mental]». Esto significa que las personas normales y corrientes identifican los desequilibrios de las emociones y las conductas con trastornos mentales:

«Mi jefe es un trastornado mental. Me envía e-mails a las dos de la madrugada, o los fines de semana, sobre asuntos de trabajo. No se da cuenta de que

tengo una vida. O no le importa, lo que es peor. Yo creo que él no tiene vida personal, que trabaja sin cesar para llenar su tiempo. Que su único interés es ascender a mejores puestos y, desde ellos, manejar a más personas. Necesita un tratamiento».

«Mi antiguo compañero de la escuela se ha vuelto un trastornado. Ha cumplido ya casi cuarenta años, ha tenido más de veinte parejas, muy breves eso sí, y anda por ahí buscando la mujer perfecta: las novias que encuentra son cada vez más casi adolescentes. Trabaja todo el día y sale por las noches, y a saber lo que consume por ahí, aunque, eso sí, no falla nunca en el trabajo. Dice que está deseando enamorarse de verdad pero no lo consigue, que ha tenido mala suerte. Ninguna mujer le vale, de todas se cansa, busca la novedad continuamente. Y a algunas las ha dejado bastante tocadas. Va camino de quedarse solo. Necesita un tratamiento o acabará mal».

«Mi prima es una trastornada. Del trabajo a casa y viceversa. Metida en casa con los videojuegos, no le gusta salir por las noches con nosotros ni con nadie. Tiene una especie de novio con el que se ve de vez en cuando, pero no llegarán nunca a vivir juntos.

Sus amigos son virtuales, en la red, con los que juega continuamente a videojuegos. No parece necesitar más relación con la gente normal; casi no se emociona por nada ni parecen preocuparle mucho los demás. Es una asocial, necesita un tratamiento o va a acabar mal».

Existen muchos más ejemplos de este estilo, con patrones de personalidad que son individualistas, narcisistas, mujeriegos, rebeldes o incluso solitarios. Conductas que las personas cercanas describen como trastornos mentales, aunque, de hecho, no lo son. Pero sí reflejan una falta de salud mental que pudiera ser la antesala o el paso previo a un trastorno.

Cuando una idea, una conducta, una tendencia o un sentimiento son desmesurados, desequilibrantes e inmodificables, lo más probable es que estemos ante un trastorno mental. Este impide el funcionamiento personal y social necesario para afrontar las situaciones de la vida. Una persona con un trastorno mental tiene un grado de sufrimiento tan alto o una incompatibilidad con los demás tan grande que la adaptación no es posible.

Cuando alguien padece un trastorno mental veremos que tiene un patrón rígido y persistente de síntomas que no parecen responder a la lógica. A una persona que está triste se la puede animar, a veces con razonamientos positivos, llevándola a hacer alguna actividad divertida o, muchas veces, con un chiste. Pero a una persona con una verdadera depresión no hay forma de animarla, ni con chistes, ni llevándola al cine ni razonando con ella. Al contrario, solo conseguiremos que se ponga peor, porque al no tener estas cosas ningún efecto sobre ella se sentirá más enferma y más culpable por no animarse.

A una persona desconfiada se la puede intentar convencer con buenos argumentos y con actitudes claras y transparentes. Pero a alguien con un trastorno paranoide, con celos de su esposa o la idea de que sus vecinos le perjudican, no hay ninguna posibilidad de argumentar que sus sospechas son infundadas o exageradas. Por el contrario, al hacerlo, nos incluirá dentro de su paranoia.

Otro ejemplo es el de los miedos a los sitios con mucha gente, a los ascensores o a hablar en público. Muchos de ellos se superan respirando un poco profundo y pensando en otra cosa, porque son naturales y comunes. Pero si alguien tiene una agorafobia, que es un trastorno por el miedo irracional a salir solo a la calle o a entrar en sitios grandes y muy concurridos, el temor no cede por mucho que le expliquemos al paciente que no hay ningún peligro y por mucho que respire profundamente y piense en otra cosa. Y si le presionamos solo conseguiremos que se sienta inútil.

Lo mismo ocurre con el delirio de que nos espía una agencia extranjera o con la certeza de estar escuchando voces en una esquizofrenia.

Muchas personas desean adelgazar y para ello se plantean las típicas «operaciones biquini» antes del verano y hacen ejercicio y dieta para reducir su peso algunos kilos. Pero en la anorexia nerviosa, que es un trastorno mental, el deseo de adelgazar se ha convertido en una compulsión que se convierte en imparable, aunque se haya llegado a un extremo de delgadez peligroso. No se puede argumentar con la paciente, ni siquiera negociar un peso en serio. Porque, en el trastorno por anorexia nerviosa, la persona enferma no quiere adelgazar para nada útil. Su único objetivo es bajar «más» de peso porque está obsesionada con el terror de verse algún día «gorda».

Otro asunto mental muy de moda en estos días es el miedo al abandono. A nadie le gusta que le suceda esto, porque produce algo de desamparo, sentimientos de soledad y tristeza, aparte de afectar a nuestro orgullo. Algunas personas lo toleran peor y se les puede ayudar acompañándolas o ayudándoles a divertirse y a pensar en otra cosa. Pero, en un trastorno límite de la personalidad, el temor al abandono se convierte en una amenaza trágica que lo invade todo y que además destruye las relaciones de la persona. Estos pacientes están continuamente ansiosos y enfadados con su pareja o con sus amigos porque temen ser abandonados. Y, además, no saben cómo actuar para que eso no ocurra; intentan ser dulces y complacientes, pero a la vez están enfadados, lo que acaba provocando unos líos tremendos en las parejas. Y no hay forma racional de conseguir que estos pacientes pierdan el miedo al abandono si no es a través de un tratamiento.

En definitiva, con el trastorno mental no se puede argumentar, no se le puede convencer ni negociar, y a veces ni siquiera convivir, salvo que lo tratemos y consigamos curarlo o al menos aliviarlo. Y cuando a la persona con este trastorno le decimos —con buena intención, por supuesto— aquello de «venga, si a ti no te pasa nada, tú eres fuerte, con voluntad tiras para adelante, si quieres te comes el mundo, etc.», lo que la persona enferma está escuchando en realidad es «no tienes voluntad, eres un débil, no nos creemos que no puedas», y la estamos hundiendo más. Cuando el cerebro está ya en modo trastorno, la persona no funciona y no debemos darle los consejos estándar, porque parecerá que no nos creemos la enfermedad. No debemos decir al paciente con una depresión: «Venga, tienes que animarte».

El trastorno mental es rígido e inmodificable porque se asienta sobre alteraciones del funcionamiento normal del cerebro. Estas impiden que la persona pueda razonar y actuar de una manera adaptativa. El pensamiento del paciente con una obsesión, una depresión, una psicosis o cualquier otro trastorno mental entra en un curso enfermizo, que ya no se orienta a mejorar su situación, sino que, por el contrario, entra en un bucle destructivo. Las conexiones neuronales y los circuitos que regulan las conductas se han alterado con el trastorno y entran en un funcionamiento dislocado que no hace más que empeorar la situación. Por eso, no se puede dejar solas a estas personas y pedirles que se recompongan utilizando su razón o su voluntad. A veces su razón dislocada y su voluntad dañada por el trastorno pueden llevarlas al suicidio o a actos muy peligrosos y perjudiciales para ellas mismas o para los demás. Y solo con un tratamiento que vuelva a recomponer esos mecanismos podrá recuperarse la normalidad psicológica.

Un error común es considerar que los trastornos mentales, por el hecho de tener alteraciones biológicas, son para toda la vida. Suele haber una reacción de terror especial ante un diagnóstico psiquiátrico, tanto si es un trastorno grave y complejo como si se trata de un trastorno de ansiedad o de una depresión, y muchas personas piensan erróneamente que tendrán ya una tara para toda la vida. Por el contrario, la realidad es que las alteraciones biológicas suelen ser transitorias, acompañan a los síntomas del trastorno y desaparecen cuando se afrontan correctamente. Y con los tratamientos psicológicos adecuados, los trastornos desaparecen o mejoran muy notablemente.

Otro error es considerar los trastornos mentales como algo grave e incapacitante en todos sus casos. Su naturaleza es muy distinta, y no tiene la misma gravedad un trastorno de ansiedad que uno de psicosis. Así que quizá no deberíamos hablar de trastornos mentales como un concepto global. Por ejemplo, nadie padece un «trastorno pulmonar», sino una bronquitis, una neumonía o un cáncer de pulmón y, desde luego, no son la misma cosa ni tienen la misma gravedad e importancia. De la misma manera, algunos trastornos psiquiátricos —la mayoría de ellos, de hecho— tienen poca importancia y repercusión vital, como ocurre con la bronquitis infecciosa o la neumonía. Otros son más persistentes y precisan tratamientos prolongados, y algunos son graves, afectan notablemente al funcionamiento vital y requieren tratamientos intensivos.

Además, en cada diagnóstico hay que precisar mucho los aspectos particulares y evitar caer en una etiqueta única. Cuando a un paciente se le da un diagnóstico como quien pone una etiqueta, esta persona acude a las redes o a los vecinos para encontrar que solo se habla de los casos más graves y llamativos. Por ejemplo, si a alguien le etiquetamos con un trastorno límite de la personalidad, esa persona encontrará en internet los casos más complicados y cronificados, algo que no resulta aplicable en la mayoría de los casos. El diagnóstico debe ser individualizado y explicarse muy bien al paciente. En cualquier diagnóstico encontraremos formas leves y graves, así como casos de evolución rápida y crónica, y esto hay que señalárselo. Es decir, los trastornos mentales son muy variados y distintos, y además cada uno de ellos puede evolucionar de maneras muy diferentes según la persona. La etiqueta diagnóstica no indica por sí misma la gravedad. Y a medida que vamos conociendo más los trastornos entendemos mejor cómo afectan a cada uno de los individuos y cómo evolucionan en ellos.

Un abogado me preguntó si las personas con trastorno límite de la personalidad podían tener hijos, y me faltó un pelo para echarle del despacho (aunque el pobre no tenía la culpa, son las etiquetas y el estig-

ma). A menudo, los gabinetes psicotécnicos me piden un informe preguntándome si un paciente con depresión puede conducir un vehículo. Mi respuesta es siempre la misma: «Haga usted su trabajo y compruébelo, que para eso le pagan».

La salud mental

Para la mayoría de la gente, esto consiste en no padecer trastornos mentales. Sin embargo, existen muchos tipos distintos de personas con formas de ser muy variadas. Las hay agradables y desabridas, productivas e improductivas, son egoístas y generosas. Pero no solemos calificar estos rasgos como trastornos o enfermedades.

Otro asunto es definir cuál es la manera de estar mentalmente sano, lo cual también puede resultar muy discutible. Debemos determinar entonces si lo sano es tener ambición, esforzarse mucho y llegar a lo más alto o, por el contrario, si consiste en aspirar a una vida sencilla dedicando más tiempo al ocio y a los demás. La misma cuestión se nos plantea sobre si es más sano tener más o menos hijos y el grado de atención, de protección y de castigos que debemos prestarles.

Un matrimonio, rozando ambos los cuarenta y cinco años y con dos hijos de catorce y once, acudían a terapia de pareja tras dieciséis años de matrimonio. Tenían una buena posición económica: ambos ocupaban puestos cualificados en sus empresas. Los últimos tres años habían estado cargados de tensiones y de discusiones relacionadas con los gastos domésticos y con el manejo del dinero, hasta el punto de llegar a duros enfrentamientos por cuestiones relacionadas con los gastos. Ambos presentaban irritabilidad y ansiedad, que les afectaba en sus relaciones personales y laborales, y se habían amenazado frecuentemente con la separación.

Cuando eran más jóvenes no se habían enfrentado por esto, pero con los años parecían haber desarrollado criterios muy diferentes. Él pensaba más en el futuro, en ahorrar por si venían tiempos difíciles, y se quejaba de los gastos que imponía ella. Ella era de la opinión de que el dinero está para disfrutarlo, le gustaba hacer viajes familiares y se quejaba de que salían poco. También creía que él era una persona aburrida y sin ganas de viajar con ella. Él pensaba que ella era caprichosa e irresponsable. Y cada uno de ellos había acabado pensando que el otro no estaba mentalmente sano, por lo que acudían a la consulta intentando mostrarle al psiquiatra, a mí en este caso, lo clara que estaba la anomalía mental del otro.

Sin duda, en esa pareja había un trastorno mental, pues estaban a punto de sucumbir por un problema de mal funcionamiento psicológico, y no de desamor, tal como pude explorar en las primeras sesiones. Esta situación ocurre con mucha frecuencia: las parejas se quieren profundamente y en lo más íntimo pero la ofuscación que sienten les impide darse cuenta de ello. Los enfrentamientos por cuestiones cotidianas se acumulan y van generando una tensión que vuelve más rígidas las posiciones de cada uno, hasta el punto de que cada cónyuge llega a pensar que el otro no tiene un carácter sano y que se ha equivocado de pareja. Ambos conocían sus caracteres desde hacía muchos años, aunque en otras épocas, cuando eran más jóvenes, estos no habían dado problemas. Con el paso del tiempo y con las inseguridades económicas y físicas propias que conlleva hacerse mayor, los temores de cada uno fueron creciendo y se expresaban de forma diferente. En el caso del marido, el temor se manifestaba como un intento de controlar y prevenir los peligros. En la esposa, como un intento de evadirse de las preocupaciones y de disfrutar de los momentos presentes. Ambos tenían el mismo temor al paso del tiempo, idénticas inseguridad ante la incertidumbre de la vida, y duda sobre el propio sentido de todo. Pero, en lugar de comunicarse estos miedos el uno al otro, de apoyarse mutuamente para darse seguridad, se estaban haciendo la vida aún más difícil. Y todo ello se basaba en la idea de lo mentalmente sano que tenía cada uno de ellos. Y en que esta les llevaría a la seguridad y a la felicidad. Aunque para ello tuvieran que divorciarse.

Y ahí estaba yo, el psiquiatra, teniendo que decidir si era más importante y más sano disfrutar del presente o prevenir para el futuro. No les valía el consejo de un amigo o de una amiga, porque cada uno opinaría a su buen entender y dependiendo de sus propios puntos de vista y de sus ideas. Mis pacientes querían saber la opinión profesional, es decir, la verdadera. Querían que un experto les dijera qué era lo mentalmente sano: disfrutar o ahorrar.

Por fortuna, mi profesión me permite entender que en realidad ellos no habían acudido a la consulta para comprobar si tenían razón y, luego, atizarle al otro con ella y amenazarle con la separación. Acudían en el fondo porque no querían separarse y, en apariencia, la razón les iba a obligar a ello. Ambos tenían formas distintas de afrontar los temores y los problemas, deseaban que el otro se ajustase a la suya propia, pero eran conscientes de que eso no iba a ser posible. Sin embargo, racionalmente no sabían qué hacer: se suponía que la salud mental racional les sugería que se separasen, pero de manera inconsciente ellos no querían que el matrimonio se rompiera.

Pues bien, ninguno de ellos tenía razón. O quizá los dos. Ambas posturas son formas naturales de afrontar el estrés de la vida, razonables y adaptativas. Ni ser un derrochador es un trastorno de la personalidad ni tampoco ser previsor. Ninguna de las dos posturas es más saludable que la otra, ni tampoco asegura la tranquilidad absoluta ni la felicidad. La postura despreocupada y gastosa reduce el estrés actual, pero puede llevar a más estrés e incertidumbres en el futuro. Y la postura previsora y austera disminuye el posible estrés del futuro a costa de aumentar el actual al reducir los disfrutes del momento.

Así es que el problema no era de salud mental de uno de ellos, sino de salud relacional de la pareja. De entender esta como una unidad que ayuda a mejorar el camino de la vida, pero que necesita una comunicación continua, emocional y sincera. Había aquí un problema de comunicación, no de caracteres. La salud mental de la pareja, que era lo que había que conservar en este caso, depende de la comunicación, que llevará a la comprensión mutua de los temores y, finalmente, a la negociación de soluciones intermedias válidas para ambos.

Pero eso sí, recordando los párrafos anteriores, si alguno de los cónyuges padece un trastorno mental, la argumentación y la comunicación no serán posibles, porque las posturas serán rígidas e inmodificables. Se necesitará entonces un tratamiento previo del trastorno, ya sea una depresión, un trastorno de ansiedad o de la personalidad.

M. tenía sesenta y siete años, había sido bailarina de jovencita y se casó a los veintiuno con su marido, economista. Tuvieron una vida próspera y dos hijos, y vivieron en varios países por cuestiones laborales. En los últimos veinte años había presentado crisis depresivas con episodios en los que abandonaba el hogar unos días, sin que tuviera conductas reprobables ni consumiese drogas, mostrando tan solo irritabilidad y desesperación. Por ello recibió un diagnóstico de un trastorno mental y recibió tratamiento. Una vez estabilizada, M. acudió a visitarme y expresó su frustración por la relación que mantenía con su marido. Ella era artística, imaginativa y activa, mientras que su esposo tenía un carácter contenido, racional y poco emocional, con escasa imaginación y tendencia a las actividades concretas. Me planteó que apenas conversaban y que llevaban treinta años sin tener relaciones sexuales; tras la jubilación, el marido encima pasaba mucho tiempo en casa sin hacer nada. Su relación era cómoda y tranquila, sin discusiones, pero ella transmitió su insatisfacción en la consulta, si bien no tanto ante su marido. A pesar de su edad era una mujer atractiva y con gracia, y sentía que tenía mucha vitalidad. El planteamiento de la separación apenas había pasado por su cabeza, se sentiría desvalida.

Pues bien, en este caso, dependiendo del psicólogo o psiquiatra que la atendiera, recibiría distintos consejos. Unos le dirían que debe separarse para ser más feliz y aspirar a otras experiencias. Otros le aconsejarían que se adaptase mejor, que aceptara mejor lo que ya no es modificable y que dejase de mortificarse por ello, que buscara actividades de ocio que llenasen su tiempo y que a esas alturas no pretendiera cambiar a su marido. Algún otro le diría que lo más sano es intentar hacer una vida independiente de su marido, buscarse actividades fuera de casa y provocar de esta manera un cambio de actitud por parte de su marido. Alguno incluso podría recomendarle llevar una doble vida y tener amantes.

Espero que, con lo anterior, estén comprendiendo lo complicado que es dar un consejo de salud mental a una persona que sufre. También ella estaba pidiendo la opinión del profesional, la verdadera, la sana. Desde su insatisfacción y malestar le gustaría que le dijeran «qué es lo que se debe hacer». No sabía con seguridad si quería separarse, pero pensaba que tal vez esto era porque era alguien cobarde e incapaz de hacer lo que debería si actuara de una manera mentalmente saludable. Tampoco estaba segura de si era insana por tener estas quejas o si era su marido quien tenía este tipo de carácter que resultaba imposible de aguantar. De nuevo, el psiquiatra tiene que decidir si es sano tener insatisfacciones vitales y sexuales a los sesenta y siete años, como le ocurría a ella, o si eso era una especie de trastorno mental. O si era más sano llevar una vida tranquila, con una agradable rutina y sin sobresaltos como le gustaba al marido, o si este también padecía una especie de trastorno de la personalidad. La respuesta se hallaba una vez más en que no existía comunicación emocional entre ambos y cada uno vivía sus miedos y sus insatisfacciones en soledad, en lugar de apoyarse el uno al otro.

J. y A. eran una pareja de cuarenta y seis años con dos hijos, que poseían un negocio familiar con ocho empleados. La empresa iba bien, aunque no hasta el punto de obtener una fortuna que les permitiera bajar el ritmo. Acudieron a verme porque la irritación entre ambos y las discusiones habían llegado a un punto insoportable. El motivo es que ambos tenían diferentes maneras de entender la gestión del negocio. J. era sensible y bondadoso desde siempre, y eso le llevaba a ser bastante permisivo con los empleados y a acceder fácilmente a sus peticiones de permisos o aumentos de sueldo. A. era enérgica, tajante y más calculadora, también desde siempre, y no le parecía bien la excesiva permisividad de su marido, porque entendía que reducía sus ganancias y además incrementaba las pretensiones de los empleados. J. defendía que lo importante era que la gente estuviera contenta y que no hubiese conflictos. Por otro lado, A. afirmaba que la gestión de una empresa precisa de una autoridad consistente y firme, sin injusticias, pero tampoco sin sensiblerías, pues de lo contrario los empleados se distraen y hacen peor su trabajo. La situación había llegado a tal punto que apenas se hablaban en casa, solo para discutir y muchas veces delante de sus hijos. La disputa entre

> *ambos iba ya más allá del negocio y afectaba a cualquier asunto doméstico. La situación parecía insostenible y abocada a la separación.*

Cada uno de ellos necesitaba que el psiquiatra le dijese al otro cónyuge que su conducta no era mentalmente sana. Para que el otro rectificase, y si no lo hacía, para estar seguros de que debían separarse. Pero no estaban solicitando un consejo empresarial: no habían acudido a un gestor, sino a un terapeuta. Por ello entendí que habían venido a salvar su matrimonio recibiendo el consejo de «qué era lo mentalmente sano». Ninguno de los dos caracteres era insano ni tampoco más saludable que el otro. Siempre fueron así y se complementaban y se querían, pero de nuevo el estrés de la vida, la edad y la falta de tiempo para estar a solas habían magnificado los miedos y las inseguridades. Si se comunicasen, si se contaran y argumentasen sus sentimientos y fueran flexibles, la irritación y la ofuscación progresiva se reducirían y hasta desaparecerían. Si alguno de los dos, o ambos, tuviera un trastorno mental (afectivo o de la personalidad), su postura sería inflexible y sorda a los argumentos del otro, y habría que plantear la necesidad de un tratamiento y un manejo psiquiátrico de la situación.

Podría poner muchos ejemplos de situaciones y comportamientos humanos en que personas que están asustadas, enfadadas y perdidas sin saber hacia dónde ir buscan la verdad en la respuesta del experto en salud mental. Y, como hemos visto en los anteriores ejemplos, las valoraciones sobre si las actitudes o los caracteres son sanos o insanos dependerán mucho de si se presentan en el trabajo, en la pareja, en la familia o en la sociedad en general. La actitud que sería saludable en la relación con un compañero de trabajo puede no serlo frente a la pareja o a un hijo. Y las respuestas adecuadas dependerán también de los propios anhelos y capacidades de cada persona. La persistencia y la autodisciplina pueden ser saludables en una persona ilusionada con un proyecto, pero pueden no resultarlo en alguien que está en un proyecto vital que no siente como suyo. Y finalmente, y quizá lo más importante, los juicios del profesional de la salud mental pueden depender de su propia visión personal y moral, por lo que más que consejos científicos serán juicios morales. Un buen psiquiatra deberá saber separar sus propias posiciones personales y morales del juicio clínico, y aceptar que muchas veces no podrá decir qué es lo mentalmente sano o insano, por mucho que el paciente nos lo pida y nosotros queramos quedar bien dando una respuesta tajante. «Sano» o «insano» debe ser un juicio diagnóstico y objetivo, y lo cierto es que no existen elementos objetivos para calificar como tales la mayoría de las conductas humanas.

Pero no seamos pesimistas sobre la posibilidad de tener una orientación objetiva de la salud mental. Al igual que ocurría con el corazón en párrafos anteriores, entender qué es la salud mental es importante porque una mente sana tiene menos riesgo de desarrollar trastornos. Y veremos, sin necesidad de meternos en juicios morales, que algunas leyes psicológicas nos permitirán dibujar algunos trazos de lo que es mentalmente sano. Y también de lo que no lo es, aunque no llegue a ser un trastorno.

La salud mental está basada sobre todo en actitudes personales, más que en cualidades individuales y en las situaciones ambientales en que nos veamos inmersos. Cualidades como la inteligencia, la capacidad verbal, la extroversión, la sensibilidad o la capacidad intuitiva no serán lo más importante. Situaciones externas como las agresiones, el maltrato, la pobreza o las pérdidas resultarán claves para la salud mental, pero menos que las actitudes hacia ellas. Las actitudes serán los mecanismos de ajuste y de equilibrado de nuestra salud mental. Entre ellas mencionaremos la forma de mirarnos a nosotros mismos y a los demás, la disposición al esfuerzo y ante el estrés, la actitud ante la frustración, la forma de afrontar las situaciones de conflicto, la actitud hacia el pasado y hacia el futuro o la forma de expresar las emociones.

Las actitudes, a diferencia de las aptitudes o capacidades, no están en el individuo, sino que emanan de él. Son productos de la persona, que se convierte en sujeto y director de estas. Esto es una buena noticia, porque indica que la salud mental va a depender en gran parte de nosotros mismos y no solamente de lo que nos ha tocado vivir.

2

Quién es mentalmente sano

Ya avisé en la introducción que no va a ser nada fácil definir si unas personas son mentalmente más sanas que otras. Y hemos visto algunos ejemplos en el capítulo anterior. Encontraremos personas a las que podremos llamar extraordinarias, geniales, santas o abnegadas, pero no tendremos claro si son mentalmente más sanas que otras más normales. También nos toparemos con actitudes que nos irritan y que van contra todo lo que nosotros pensamos, y tampoco tendremos fácil calificarlas como mentalmente insanas.

Y menos aún podremos decir que la salud mental nos dará la felicidad. No es lo mismo estar sano que feliz. Y esta afirmación vale igual tanto para la salud física como para la mental. Hay personas con una salud de hierro que son infelices y otras mentalmente sanas que no son felices. Aun en este último caso, la forma y las posibilidades de sentir felicidad serán distintas para una persona de ideas materialistas y racionalistas que para alguien espiritual y con creencias trascendentales. Y también serán diferentes en una persona con gran sensibilidad que en alguien emocionalmente estable, o en una persona con una infancia traumática que en otra con una niñez acogedora. El paso a la felicidad será distinto en cada persona. La salud mental ayuda a acercarnos a la felicidad, pero no es un sinónimo de la felicidad. Por ello, no debemos hacer caso a los políticos que nos dicen que cambiando la sociedad va a lograrse la salud mental universal y todos vamos a ser felices.

La salud mental definida por los científicos

La Organización Mundial de la Salud (OMS) define la salud mental como un estado de bienestar subjetivo en el que el individuo puede tener una vida productiva y aportar a la comunidad. ¿Quiénes alcanzarán este estado de bienestar y funcionalidad, o al menos se acercarán a él?

La salud mental, tal como la entendemos los psiquiatras y los psicólogos, descansa en la habilidad para tolerar el estrés y para regular la tensión interna. De esto dependerá que nuestras conductas sean adaptativas y que nuestros sentimientos tiendan al bienestar.

El estrés ambiental es inevitable. El vivir en sí es una situación de estrés, de tensión, pero este no debe tomarse exclusivamente como un concepto negativo. Todos los animales viven en tensión para conseguir el alimento, para huir de los peligros, para defenderse de las amenazas. En la teoría sobre el origen y la supervivencia de las especies de Darwin, surgida en el siglo XIX, se explica de una manera científica por qué el planeta está poblado por muchos individuos y no queda más remedio que convivir, compartir y competir por la supervivencia. El estrés o tensión vital no es malo, sino bueno para la especie, puesto que fomenta el crecimiento y el fortalecimiento de sus miembros. Y si esto último, resultante del estrés, no llegara a producirse, las especies y los individuos acabarían debilitándose y extinguiéndose.

Por tanto, hay que saber tolerar el estrés. Y si se ignora cómo hacerlo, hay que aprenderlo. Porque una persona necesita tener cierto nivel de estrés vital para crecer psicológicamente y madurar.

En mis primeros años de ejercicio como psiquiatra tenía como guía general que había que reducir el estrés de las personas. Era una época en que los científicos descubrían los efectos del estrés excesivo en la secreción de hormonas como el cortisol o la somatostatina y las consecuencias que tenía sobre la depresión, el sistema inmunitario y los infartos de miocardio. El papel de la psiquiatría parecía estar centrado en el cambio de los modelos de vida de los pacientes y de las personas para reducir el estrés ambiental y mejorar así tanto la salud mental como la física.

De manera general, tanto yo como mis colegas recomendábamos reducir el trabajo, disminuir las ambiciones, evitar los conflictos, aspirar a metas sencillas y escapar de situaciones estresantes en general (consejos que, por otra parte, nosotros mismos no seguíamos). El estrés, la tensión, el sufrimiento o el conflicto eran insanos y había que mantenerlos lejos. La tranquilidad, la falta de presiones externas, la falta de roces, la evitación del ruido, la ausencia de discusiones y de enfrentamientos eran las claves de una vida sana y feliz.

Era una época en la que proliferó mucho el consumo de marihuana, una droga que aleja de los conflictos y permite una evasión del estrés. Pero, aunque este podía rehuirse mediante la marihuana, las situaciones de estrés no desaparecían por ello y seguían ahí esperando a que volvieras.

También fueron unos años de proliferación de las filosofías orientales, como el budismo, que proponían abstraerse del estrés del mundo (y ayudaban a ello) y evitar implicarse en situaciones de conflicto.

Y también fueron unos momentos en que pensamos y recomendamos que los niños no debían padecer estrés y sufrimiento en su desarrollo, lo que llevó a evitar castigar, regañar y levantar la voz, e incluso apartar la frustración que implica el decirle que no a un niño. Como eso es imposible, intentábamos explicárselo con miles de palabras y de razones (que el niño no entendía), a la vez que nos sentíamos malos padres. Empezamos a ir al colegio a abroncar al profesor por haber regañado a nuestro hijo (lo contrario que hacían mis padres, que me regañaban por segunda vez si el profesor me había castigado).

En definitiva, estábamos entrando de lleno en la nueva idea del no-estrés-no-sufrimiento como camino al pleno desarrollo y a la posible felicidad.

> *J. L. era un joven de diecisiete años, hijo único de una familia unida. Había sido un chico agraciado y popular en el colegio durante la enseñanza secundaria, era divertido y atractivo. No era buen estudiante aunque sí inteligente, algo que sus padres remar-*

caban, y a menudo aprobaba los cursos con la ayuda de sus compañeros en los exámenes y por la benevolencia de los profesores, además de que su familia estaba muy implicada en los asuntos del colegio. De carácter afable y abierto, detestaba que los compañeros de clase le llevaran la contraria y cuando los profesores le regañaban o le exigían más esfuerzo se enfurruñaba y se mostraba oposicionista. Los profesores hacían la vista gorda para que no se enfadara más y para no crear más problemas, ya que sus padres se habían quejado en anteriores ocasiones de que su hijo se sentía maltratado por algunos docentes. Los padres le habían educado con un modelo de autogestión y diálogo, evitando las jerarquías, sin imposición de normas, sin castigos ni discusiones. Los padres pasaban a diario poco tiempo en casa por motivos de trabajo y, en su educación en casa, ayudaban los abuelos maternos y la cuidadora.

Al comenzar el bachillerato, J. L. empezó primero a suspender exámenes y luego a dejar de ir a clase, a la vez que se iniciaba en el consumo de cannabis en compañía de otros chicos del instituto con los que no se juntaba anteriormente. Llevaba dos años sin superar curso y cada vez estaba más agresivo con la familia, que intentaba ahora imponerle límites y *exigencias sin ningún resultado. El chico decía que no había ningún problema, que se estaba tomando un tiempo para pensar, pero que cuando él quisiera terminaría el bachillerato y después estudiaría una carrera universitaria.*

En los estudios clínicos no se identificó ningún trastorno mental que afectara a la atención o concentración, ni trastorno depresivo ni tampoco déficit intelectual.

Este caso me resulta especialmente próximo porque se trataba de personas muy cercanas a mí por amistad. La intención era buena: «Eduquemos al niño sin imposiciones, sin violencia ni exigencias que no comprende. Enseñémosle a entender el sentido de todas las cosas que le ordenamos hacer. De esta forma será un chico más confiado en sí mismo, libre y pacífico». Al ser hijo único no le faltaron regalos y tampoco tuvo que compararse ni competir con otros hermanos. Prácticamente no tuvo motivos de sufrimiento y de frustración. Entre los chicos era un líder nato por sus habilidades de palabra y su simpatía. A los profesores les hacía gracia y, cuando alguno quiso forzarle en los estudios, J. L. se mostró dolido ante sus padres, que acudieron siempre a defenderle y a pedir explicaciones en el colegio.

Cuando llegó a un periodo de exigencia como el bachillerato, no fue capaz de asumir la tensión y el malestar que implica el esfuerzo de estudiar. Intentó evadirse del estrés y, mediante el consumo regular de cannabis, parecía vivir en una realidad paralela, como si no se diera cuenta de lo que estaba pasando. Al chico se le había educado en la ausencia del término «no», en lo innecesario de la jerarquía y de las órdenes y en la carencia de presión por parte del entorno. En resumen, en la falta de tensión y de estrés externo, por lo que no estaba preparado para manejar el estrés interno y el sufrimiento.

Con el paso de los años y la ganancia de experiencia clínica, mi perspectiva sobre el estrés fue cambiando. Es inevitable, aparecerá en menor o en mayor medida durante toda nuestra vida, y en algunos momentos de forma intensa. De manera que no podemos educar a las personas en la evitación del estrés, porque eso no es posible. Y mucho menos debemos educar a los niños en rehuir la frustración y el sufrimiento. Por supuesto que haremos lo posible para que nuestros hijos no sufran, pero no podemos protegerles a toda costa de la tensión y del estrés que conlleva su propia vida.

Ahora, todos los médicos estamos convencidos de que la clave de la salud mental está en la promoción de la tolerancia al estrés y no en su evitación. Esto no es incompatible con la reducción del estrés social; al contrario, se complementan para la mejora de la salud mental de la población. La acción social sobre el estrés consiste en la eliminación o disminución de las situaciones externas que producen dolor, precariedad, humillación o injusticia. Esta labor corresponde a la sociedad, a través de las instituciones familiares y de gobierno. Y la reducción del estrés social mejora, sin duda, la calidad de la salud mental.

El estrés interno

Pero el estrés siempre acecha, y no se presenta en solitario. Las personas somos capaces de producirnos un estrés interno añadido, que resultará ser el más perjudicial para nuestra salud mental.

El estrés interno o propio es el grado de tensión que una persona es capaz de generarse a sí misma ante situaciones vitales. Las de carácter estresante son constantes: un examen académico o una competición deportiva, el conocimiento de una nueva persona, la presentación a otras personas, el momento en que cometemos un error ante los demás, la recriminación por parte de una figura de autoridad, el sentimiento de poca aceptación en un grupo, el rechazo o abandono por otra persona, o si alguien nos causa daño. Todas ellas son situaciones estresantes, que nos ponen en cierto modo a prueba, pero en algunas personas generarán un estrés interno de alta intensidad mientras que a otras les producirá poca tensión.

Otras situaciones vitales más complejas también conllevan un estrés en sí mismas, como por ejemplo iniciar un proyecto vital, escoger unos estudios universitarios, decidir entre varias opciones laborales, convivir o establecer una pareja con otra persona, soportar un periodo de desempleo o de incertidumbre laboral y muchas otras que vendrán a la mente del lector.

Pues bien, la clave de la salud mental está en la capacidad de tolerar, manejar y regular nuestro estrés interno ante cualquiera de dichas situaciones vitales. ¡Qué fácil! ¡Entiendo que estén pensando ahora que no hace falta ser muy listo, y menos aún psiquiatra, para llegar a esta conclusión! Hasta ahí estamos de acuerdo.

El problema es que «las claves para llegar a la clave» son complejas y variadas, como las personas mismas. En la capacidad para tolerar y regular el estrés interno intervienen muchos aspectos psicológicos y personales que llevamos muy enraizados y que no son fáciles de cambiar, sobre todo si no los conocemos. No es tan fácil como decir «pues venga, voy a relajarme y volverme tolerante al estrés». Las personas estamos constituidas por modos de sentir, de pensar y de interpretar, por la forma de vernos a nosotros mismos y a los demás y por nuestra manera de concebir el mundo y nuestra posición en el mismo. Todo lo anterior va a intervenir en nuestra tendencia a producir estrés interno ante distintas situaciones vitales y en nuestra capacidad para modularlo y soportarlo. La regulación de nuestro estrés interno nos proporcionará una mejor salud mental y con ello unos mayores bienestar y eficacia en nuestra adaptación al mundo, como reza la definición de salud mental de la OMS.

Cerebro y salud mental

Si alguien está pensando en preguntarme si la salud mental depende de nuestro cerebro, mi respuesta es: claramente sí.

Pero si, en cambio, la cuestión es si la salud mental está determinada por el cerebro, mi respuesta es: claramente no.

La estructura y el funcionamiento de nuestro cerebro sin duda influyen en nuestras actitudes, pensamientos y sentimientos. Pero la conducta final está determinada por la voluntad propia. Aunque el cerebro pueda predisponer a ciertas tendencias, siempre hay varias alternativas y la conducta final es decisión nuestra. Podríamos decir que el cerebro empuja, pero que nosotros podemos controlarlo si lo deseamos. Salvo cuando padecemos un trastorno mental.

Estoy hablando del «cerebro» y de «nosotros» como si fuéramos algo distinto, algo que es una licencia docente pero que resulta anticientífico. Así que voy a explicarlo.

El cerebro es un órgano compuesto principalmente por neuronas, que transmiten las señales nerviosas que constituyen la actividad cerebral y mental. Además, está conformado por células no neuronales, que constituyen la microglía y que contribuyen a la nutrición y al metabolismo de las propias neuronas. En el cerebro hay más de cien mil millones de neuronas, que se conectan unas a otras a través de las denominadas «sinapsis», en las que se produce la transmisión de información entre ellas.

Cada neurona tiene un brazo largo, el axón, y un conjunto de ramificaciones, las dendritas, que a su vez se pueden ramificar muchas veces, como un árbol. En las dendritas se encuentran las uniones sinápticas; una neurona puede llegar a establecer miles de sinapsis con otras neuronas.

Por tanto, la cantidad de información que se puede transmitir es inmensa. Pero además es variable, y esto es una cuestión clave, porque da lugar a lo que llamamos «neuroplasticidad». El cerebro y sus neuronas no son siempre iguales, sino que está cambiando continuamente, en función de los estímulos y de las condiciones en las que está la persona. El cambio principal se produce por el aumento o la disminución de las dendritas. En algunas situaciones, estas crecen y se ramifican. En otros casos, se reducen como un árbol podado. Al cambiar el número de ramificaciones, también lo hace la cantidad de información que es capaz de transmitir la neurona.

El cerebro termina su desarrollo completo entre los veinte y los veintidós años aproximadamente, edad en la que finaliza el crecimiento de los lóbulos prefrontales, que están justo encima de las cavidades orbitarias. Durante todo este tiempo de desarrollo tras el nacimiento, el cerebro crece en parte por predeterminación genética, pues cada individuo tiene una parte de su cerebro heredada. Y, por otro lado, se desarrolla en respuesta a los estímulos externos que constituyen el aprendizaje; este crecimiento se refleja en la mayor o menor producción de dendritas en diferentes áreas.

Así que, aunque algunas personas tengan por herencia una mayor inteligencia, sensibilidad, impulsividad o cualquier otra característica genética, los acontecimientos de la educación van a producir también una modificación al alza o a la baja de todos los rasgos anteriores.

Incluso cuando el cerebro se ha desarrollado del todo, la cantidad de dendritas no deja de crecer y de decrecer continuamente como respuesta a acontecimientos externos. Las situaciones dolorosas o traumáticas, por ejemplo, inducen el crecimiento de dendritas en los circuitos cerebrales del miedo, a la vez que se inhibe el que se produce en áreas de la inteligencia emocional. Por el contrario, las interacciones agradables con otras personas pueden inducir el crecimiento de dendritas en áreas del sistema de recompensa y en otras relacionadas con el desarrollo de la identidad. Y así ocurre con los múltiples circuitos de información que componen el cerebro humano; estos existen para la regulación del miedo, de la agresividad, de los sentimientos placenteros, de la sensación de recompensa o de la respuesta al estrés. Pero también hay circuitos para la formación de la autoimagen, el desarrollo de la confianza, la imagen de los otros y muchas otras funciones complejas que tenemos los humanos. Estos últimos han sido menos estudiados hasta ahora y estamos empezando a conocerlos.

Así que, en resumen, factores psicológicos de cualquier tipo se traducen en modificaciones continuas del número de dendritas neuronales en distintas zonas cerebrales.

Esto es tan importante porque significa que nosotros mismos podemos cambiar el número de dendritas desarrollando un hábito. Por ejemplo, tocando la guitarra o haciendo muchas operaciones numéricas. Así, las personas virtuosas con el piano tienen un mayor crecimiento neuronal en las áreas de la audición musical (lóbulo parietal posterior) y de movimiento y control de los dedos (lóbulo frontal posterior).

De igual forma, las personas que se comportan siempre con irritabilidad, miedo o desconfianza considerables hacen crecer o disminuir las dendritas en algunas áreas cerebrales. Y cuando se realiza terapia para modificar estas conductas, se transforman también las dendritas de dichas áreas.

El mayor desarrollo de las neuronas y dendritas de los lóbulos prefrontales en el cerebro del *Homo sapiens* llevó a la aparición de la autoconsciencia. Esta facultad nos permite percibirnos como a otra persona, además de dialogar de manera interna con nosotros mismos. Tenemos conciencia de nuestras propias emociones e impulsos y podemos pensar en ellos. Y esta es la razón científica por la que podemos hablar metafóricamente de «nosotros» frente a «nuestro cerebro».

De esta manera, si el cerebro empuja con un impulso que puede resultarnos perjudicial, podemos frenarlo. Y si llevamos a cabo esto muchas veces, haremos crecer las dendritas de las áreas que frenan ese impulso. Por ejemplo, si hablamos de un recuerdo traumático con personas de confianza y en un ambiente seguro, quizá podamos ir desactivando las sinapsis que se constituyeron y crecieron tras el trauma.

El cerebro es un órgano de funcionamiento bidireccional. Nos influye y modifica a nosotros, pero también viceversa. Increíble pero cierto. Un fenómeno realmente excitante y maravilloso.

Las zonas del cerebro más significativas para la salud mental son las áreas subcorticales y los lóbulos prefrontales. Las primeras constituyen el sistema límbico y el tronco del encéfalo. En ellas están las que podríamos llamar factorías de las emociones, como la amígdala, el hipocampo o el cíngulo temporal. Son núcleos de neuronas donde surgen el miedo, la ira o la tristeza. También contienen la hipófisis y el hipotálamo, que regulan la intensidad de la respuesta al estrés.

Los lóbulos prefrontales encierran contenidos más complejos. El caso de Phineas Gage es ya famoso: un obrero del ferrocarril norteamericano que sufrió un accidente en el siglo XIX por el cual una barra de metal le atravesó el cerebro en la región prefrontal. Lo increíble es que se recuperó sin haber sufrido daños aparentes, ni en su movilidad ni tampoco en el lenguaje o en la inteligencia. Sin embargo, a los pocos días se vio que su personalidad había cambiado: se había vuelto más desinhibido, maleducado e inadecuado en las relaciones. La parte del cerebro del señor Gage que atravesó la barra de hierro se denominaba «área silente», porque no parecía estar implicada ni en la inteligencia ni en las funciones neurológicas de las personas. Pero a partir de este caso se descubrió que en el lóbulo prefrontal radicaban la personalidad y la regulación emocional.

Las áreas del sistema límbico pueden producir emociones más intensas en algunas personas. Su mayor o menor actividad depende de la genética, y también de los procesos de activación que padecieron estos sujetos en los primeros años de vida. Así, los niños que sufren infancias traumáticas o carenciales pueden desarrollar una hiperactividad de la amígdala o del hipocampo, y generar reacciones de ira o de miedo más intensas que los demás en la vida adulta.

Estas emociones las pueden regular a su vez los lóbulos prefrontales, que pueden conectar con las zonas emocionales y enfriarlas. En las áreas prefrontales se encuentran las imágenes de figuras de confianza que reducen la tristeza, o la autoimagen y la confianza en sí mismo que apaciguan el miedo, o los valores personales y de respeto que pueden poner freno a la agresividad.

Terminaremos insistiendo en el carácter integral que tiene el cuidado de la salud mental, del que forman parte los componentes cerebrales y biológicos, los aspectos ambientales y del aprendizaje, los esquemas psicológicos y los factores sociales que afectan a las personas.

Cómo mejorar mi salud mental

Algunas personas disfrutan de una mejor salud mental que otras y, aunque no es sencillo definir cómo lo consiguen, hay una serie de elementos que pueden ser claves para ello y que vamos a ver a continuación.

Reconociendo y aceptando las emociones

> *Un directivo de empresa de cincuenta y un años tuvo que acudir a la consulta empujado por su familia, porque no podían soportar su irritabilidad y su exigencia continuas. No había sido así siempre, su carácter había empeorado dos años antes. El paciente no creía estar tan insoportable, más bien pensaba que en casa no prestaban el suficiente cuidado para que las cosas salieran bien. Tras varias entrevistas se descubrió que el paciente había perdido peso en la empresa, sentía que su carrera estaba acabándose y presentaba una profunda tristeza. El reconocimiento de esta pena oculta, junto a la aceptación de que no podía evitarla y el compromiso de buscar nuevos alicientes, mejoraron radicalmente la situación familiar.*

Las personas que aceptan sus emociones negativas y las sufren sin huir de ellas tienen una mejor salud mental que aquellas que no hacen esto, aunque a veces parezca que lo pasan peor. Además, es menos probable que desarrollen trastornos mentales. Los humanos tendemos a resistirnos a las emociones negativas, pues consideramos que son peligrosas y vergonzantes. Rechazamos la tristeza porque es de débiles, el miedo como algo propio de cobardes, y a menudo también la ira, pues queremos evitar el conflicto con las personas de las que dependemos. Las formas de evadirse de estas emociones negativas son variadas, pero las más frecuentes son el mecanismo de negación y el uso de drogas.

El mecanismo de negación es inconsciente, no se lo inventa la persona. Mediante este, ignoramos el sentimiento doloroso, pero no por ello lo eliminamos, sino que aparecerá de otras maneras, bien como una irritabilidad inexplicable, una inseguridad extraña o como conductas perjudiciales que antes no se tenían. Con el alcohol y con otras drogas se pueden también taponar los sentimientos dolorosos y expulsarlos de nuestra conciencia. Pero, en este caso, el remedio siempre será peor que la enfermedad, porque volverán a aparecer al terminar el efecto de la sustancia y con una fuerza redoblada por el efecto rebote, con lo que es posible que acabemos haciéndonos adictos a dicha droga.

La persona mentalmente sana es la que acepta el dolor, el sufrimiento, la tristeza, el miedo y la ira porque son inevitables. En mi consulta, los pacientes me dicen cosas como «Doctor, quiero quitarme de encima esta tristeza, esta ansiedad». Y yo les respondo: «Podemos cambiar cosas en tus actitudes que pueden aliviar tu tristeza». La respuesta de ellos suele ser: «Doctor, pero es que yo soy como soy, no puedo comportarme de otra manera». A lo que replico: «En eso está tu equivocación. Puedes cambiar aquello que crees que es inamovible. Pero no puedes hacer desaparecer tus emociones. No puedes huir de tu ansiedad, sino que debes trabajar con ella».

No se puede huir de las emociones. Si lo intentamos, se vuelven más intensas y dolorosas. Los psiquiatras podemos a menudo reducir las emociones negativas con fármacos, cuando resultan enfermizas y bloqueantes, pero nunca debemos suprimirlas porque son necesarias para el crecimiento sano de la mente.

Esto no significa que todos tengamos los mismos sentimientos de tristeza, miedo o ira. Cada persona tiene vivencias y recuerdos que condicionan sus emociones, e incluso su propia predisposición biológica al miedo, a la ira o a la tristeza. Pero la mente sana es la que acepta que la emoción es una parte de sí misma y decide negociar con ella para el bien global de la persona.

El individuo sano deja entrar sentimientos de ira en su conciencia, les hace un sitio en la mesa de su mente y dialoga con ellos. Lo mismo ocurre con la tristeza y el miedo. Y la conversación debe ser tranquila y con tiempo, sin intentar que el sentimiento desaparezca cuanto antes. Este debe sentarse a la mesa de nuestra mente como uno más de la casa, no como un invitado temporal. El objetivo no es echarle, sino que colabore con el bien común de la casa mental.

> *F. tenía diecisiete años; le faltaban solo cuatro meses para cumplir los dieciocho. Estaba matriculado en bachillerato, pero apenas asistía a clase. Pasaba el tiempo con otros chicos callejeando y pintando grafitis. Sus padres estaban muy preocupados por su futuro y no eran capaces de corregirle. Además, tenían miedo a presionarle quitándole la paga o el móvil, porque alguna vez les había amenazado con suicidarse y se mostraba muy irritable y agresivo. Antes no era así, sino un chico sensible y cariñoso que, aunque no era buen estudiante, iba aprobando en los estudios; su carácter resultaba algo introvertido y estaba muy unido a su madre, sobre todo tras la separación de los padres. En ese momento se juntaba con otros chicos que fumaban cannabis y decía que no tenía prisa, que él seguía su propio ritmo y que terminaría el bachillerato cuando fuese el momento. Los padres necesitaban saber si todavía podían hacer algo, antes de que F. alcanzase la mayoría de edad.*

La psicoterapia de F. nos llevó, al cabo de no pocas sesiones, pues las resistencias psicológicas suelen ser muy fuertes en los jóvenes, a que la emoción generadora de toda su conducta era el miedo. Debajo de toda aquella conducta evasiva, de desdén por los estudios y por las normas, de altivez aparente y autosuficiente, existía un terror profundo a ser avergonzado ante los demás por sus dificultades en el estudio, a decepcionar a su madre y a ser el fracasado del grupo. Sus conductas eran una manera de escapar del miedo, aunque este nunca se iba, y solo podía calmarlo con los porros.

El reconocimiento del miedo llevó al replanteamiento de si el bachillerato era realmente un objetivo de él o, más bien, la expectativa de sus padres. La elección de un módulo de formación profesional adecuado a sus deseos y a su sentimiento de seguridad produjo un cambio radical en sus conductas y permitió la reorientación vital del chico. Pero antes tuvo que reconocer y aceptar el miedo. Y hacer esto no es nada fácil, porque el reconocimiento del miedo en nuestra mente conlleva mostrar debilidad y decepcionar a los demás. Por eso lo enterramos en lo más profundo hasta olvidarnos de que lo tenemos.

S. y J. llevaban casados ocho años. S. tiene treinta y tres años y J. treinta y cuatro. Se habían conocido muy jóvenes en el colegio, habían compartido juntos muchas experiencias y convivencias en grupos religiosos y habían realizado acciones de formación y de misión para otros jóvenes. Tenían dos hijos, de seis y cuatro años. S. trabajaba como abogada en un despacho familiar y J. era economista. Desde hacía un año, S. no estaba igual, se mostraba más dispersa en el trabajo, y manifestaba en casa sentimientos de desánimo y falta de ilusión. También se irritaba más ante pequeños errores o incidentes que antes llevaba con mucha calma y le apetecía más estar sola que jugando con los niños. Estaba preocupada y tenía miedo a perder el cariño por sus hijos y a no transmitirles la alegría y la paz que ellos necesitaban. Su educación y su formación religiosa no le permitían aceptar el desánimo o la queja sin motivo, y ella en apariencia «lo tenía todo».

En principio el cuadro podría diagnosticarse como una incipiente depresión ansiosa, bastante común en madres profesionales de dos hijos, autoexigentes y sensibles. Un antidepresivo ayudó a reducir la ansiedad que sentía en relación con el cuidado de sus hijos, pero no la falta de ilusión y un llanto *que sobrevenía de vez en cuando sin motivo aparente.*

La psicoterapia llevó, también al cabo de varias sesiones, al descubrimiento de un incidente, en apariencia insignificante para la misma paciente. Dos años atrás, el marido le confesó, a preguntas de ella, que había tenido una relación muy especial con una compañera de trabajo, sin llegar a la relación íntima; sin embargo, en una sola ocasión hubo un beso con erotismo durante una cena y tras haber bebido bastante alcohol, tras lo cual decidió asustado no prolongar más el acercamiento con esa mujer y distanciarse de ella. Dado el arrepentimiento sincero de J., y las profundas creencias religiosas y morales que ambos tenían, ella optó por perdonarle y decidieron utilizar aquello para darle un empujón al matrimonio. Él se mostraba más atento y pendiente de ella que antes; de hecho, había cambiado incluso a mejor.

Costó varias sesiones de psicoterapia indirecta (la que busca las respuestas sin hacer las preguntas directamente) llegar a los profundos enfado y rabia que S. tenía y de los que no era consciente. Se sentía engañada, traicionada y desilusionada en lo más profundo de sus valores y de su confianza. Parecía que su edificio moral se mantuviera solo en la superficie, pero por dentro estuviera destruido. Por ello sentía terror a que este se derrumbara y afectara a sus hijos.

S. tuvo que reconocer su rabia y mostrársela de manera sincera a su marido, expresarle su malestar y su desilusión. Debió aprender a convivir con su rabia durante el tiempo que hiciera falta, darse cuenta de que esta no amenazaba sus referentes morales ni religiosos y sentir que J., su marido, era capaz de percibir lo que ella sentía y el daño que le había hecho aquel incidente «aparentemente insignificante». Cuando la rabia alcanzó el lugar que le correspondía en la mente de S., esta pudo perdonar sinceramente a J. y los síntomas emocionales desaparecieron.

Solo aceptando que nos hallamos tristes, enfadados o atemorizados, nuestra salud mental estará algo protegida. Nuestras rigideces y creencias irracionales, nuestros miedos y orgullo son los grandes enemigos de la aceptación de nuestras emociones y nos llevan a enterrarlas en el fondo de la mente. Tenemos que pelear contra ellas. Y lo mejor de todo es que, una vez que invitamos a nuestras emociones dolorosas a la mesa de nuestra mente, dejan de dar tanta lata.

Reconociendo y regulando los impulsos

La afirmación previa podría sugerir que he tomado partido por las personas reprimidas y sometidas, por el autocontrol a toda costa. Ni mucho menos, vamos a analizar bien esta frase y lo que hay tras estas palabras.

Siempre había creído que había que someter y eliminar los impulsos perjudiciales para la propia vida. De hecho, consagré mi propia tesis doctoral al estudio de los mecanismos biológicos que originan los impulsos y luego dediqué una buena parte de mi actividad investigadora a buscar tratamientos que eliminaran los impulsos patológicos de los pacientes. Todo con la convicción científica de que con ello se produciría una liberación de la persona que le permitiría crecer y desarrollar de manera sana su personalidad.

Pero con los años de experiencia clínica me fui dando cuenta de que no había manera de eliminarlos. Era como luchar contra el viento: cuantas más barreras se les ponían, más poderosos y amenazantes parecían. Como en el caso del viento, los impulsos no nos pertenecen ni los creamos nosotros. Estos vienen provocados por fuerzas naturales internas, a veces en respuesta a estímulos externos pero en muchas otras ocasiones sin causa conocida. Y por este motivo llevaba gran parte de mi vida tratando los impulsos como fenómenos ajenos a la propia persona, que vivían en nuestro interior pero eran como extranjeros que habían invadido la mente con anterioridad sana del paciente.

> *Un varón de treinta años tenía un impulso sexual intenso que estaba provocando incomodidad entre sus compañeros de trabajo y amenazaba su empleo. No podía evitar algunas miradas a los cuerpos de sus compañeras (de las que muchas veces ni se daba cuenta) ni algunos comentarios e incluso comportamientos inapropiados que intentaba disimular como bromas inofensivas. Acudió a la consulta con angustia y pidiendo un tratamiento para que desapareciera ese impulso.*
>
> *Es verdad que hay algunos fármacos que pueden reducir el impulso sexual pero solo es apropiado utilizarlos en casos muy graves, en los que existen agresiones sexuales. Así es que le expliqué que los impulsos no se pueden eliminar, sino que habría que trabajar con ellos. Ante esta reacción, la persona se*

mostró triste y desesperanzada, porque sintió que no podría cambiar.

No obstante, aceptó iniciar una psicoterapia, que él interpretó que sería una especie de curso de técnicas de autocontrol. Pero, por el contrario, empezamos a hablar de su impulso sexual, de los objetos a los que se dirigía su impulso, de lo que sentía realmente por las mujeres que exacerbaban su impulso, de la vergüenza que él notaba sobre sí mismo, de su inseguridad ante las mujeres, de sus dudas sobre su propia valía. Fuimos hablando del papel que el impulso desempeñaba en su vida, de los déficits que compensaba y de los vacíos que llenaba. Lo dejamos entrar en su mente como una parte de sí mismo que le ayudaba a sentirse fuerte, a la vez que le alejaba de los demás. Porque este impulso tapaba sus verdaderos temores a una sexualidad sana y personal con la figura femenina. También nos permitió acudir a su infancia y a sus pánicos sexuales en la adolescencia, y al final al miedo cerval a no ser lo bastante «masculino» y capaz de agradar sexualmente a una mujer. El impulso le ayudó a comprender su incapacidad para las relaciones amorosas serias, además de su íntimo sentimiento de soledad y de frustración.

> *Mediante todo ello, el impulso dejó de ser un problema y seguimos trabajando en sus sentimientos de inferioridad, en sus temores al compromiso amoroso y en el potencial como persona que tenía desaprovechado.*

La persona quería desprenderse del impulso, pero ese no es el camino sano (ni tampoco es posible). Una persona mentalmente sana aceptará su impulso como algo propio y esperará que se convierta, si esto sucede así, en un deseo.

¿Qué diferencia hay entre un impulso y un deseo? El primero es súbito y viene de fuera del yo consciente. Es una fuerza que nos viene impuesta, nos empuja o nos arrastra. Si simplemente lo intentamos excluir, se hace más fuerte y amenazante. Pero si lo convertimos en parte de nosotros mismos, de la misma manera que proponíamos hacer con nuestras emociones, podemos hablar con él, analizarlo, conocer su verdadera fuerza y gestionarlo mejor. Es posible incluso que un impulso acabe transformándose en un verdadero deseo. Este último sí que es algo personal, que admitimos como nuestro, al que podemos hacer esperar, a diferencia del impulso.

Algunas personas no son capaces de reconocer sus impulsos agresivos. Son gente que se enfada continuamente por pequeños comentarios o descuidos de los demás y que solo son conscientes de sus impulsos cuando las otras personas se cansan de ellas y las van dejando solas. Entonces intentan contenerlos, pero son incapaces. Solo mediante la aceptación de que los impulsos agresivos son propios y no son culpa de los fallos de los demás pueden acceder a su propia rabia interior y hablar con ella. Las personas que tienen impulsos pero no los reconocen como suyos o los atribuyen a la provocación de los demás se creen buenas e infalibles. Pero, cuando aceptan que los impulsos son propios, pueden reconocer su agresividad oculta, su sexualidad enmascarada o sus deseos afectivos íntimos, y de paso también que cometen fallos como todo el mundo.

En cambio, sentimos los deseos como nuestros, no como un impulso imparable, y podemos tomar decisiones personales respecto a ellos: podemos satisfacerlos, posponerlos o negar su cumplimiento. Quizá lo entendamos mejor mediante este caso:

J. R. acababa de cumplir sesenta años, había trabajado en varias empresas como financiero de manera muy comprometida, entregada y autoexigente, y se encontraba ya algo agotado y con poca ilusión por el trabajo. No sabía explicarse por qué últimamente estaba tan irascible y criticón con su esposa, y tenía incluso algunas reacciones explosivas cuando ella le planteaba hacer planes con su familia o con amigos. Quería ayuda para eliminar estos impulsos tan desagradables y peligrosos. En una breve terapia en la que se integró el impulso agresivo como parte de J. R. llegamos a su deseo íntimo de descansar, jubilarse y marcharse con su mujer a vivir a la casa de la playa. Un deseo que ni él mismo podía plantearse desde su personalidad hiperresponsable, autoexigente e intolerante con la pereza. Por ello, toda mención de su esposa (que ni siquiera conocía este deseo íntimo de él por prejubilarse) de seguir haciendo planes en Madrid generaba estos impulsos agresivos incomprensibles. Tras conocer su auténtico deseo y aceptarlo como propio y legítimo, J. R. podía decir: «Es posible que tenga un deseo claro y mantenido de prejubilarme e irme a vivir junto al mar. Pero no lo satisfaré porque mi esposa está a gusto aquí en la ciudad, con su familia y amigos. Y verla feliz también es uno de mis deseos».

El paciente anteriormente mencionado sentía impulsos sexuales por muchas chicas en su trabajo. Eran tantos y tan peligrosos que intentaba reprimirlos todos y pensar en otra cosa. Pero los impulsos seguían siendo impulsos. Si dejara de evitar pensar en ellos y los aceptara, quizá podría interactuar con las chicas más allá de su componente erótico. Ello le permitiría apreciar otras cualidades de las mujeres y probablemente llegar a sentir un verdadero deseo de estar con alguna de ellas (tal vez con dos, y entonces debería decidir qué deseo satisfacía y a cuál decía que no). Optar por intentar cumplir y perseguir un deseo es ya un acto personal, que conlleva una responsabilidad y una aceptación de una posible frustración (algo que no ocurre con el impulso).

El rechazo de la satisfacción de un deseo por razones consistentes también es un acto personal y no de cobardía o represión. Es una renuncia individual, que es uno de los actos más potentes en el desarrollo de un yo consistente y sano. La satisfacción o la renuncia de un deseo es ya una actitud mentalmente sana, el crecimiento en el compromiso.

Pero si no dejamos antes entrar el impulso en nuestra mente consciente, no podremos contenerlo ni tampoco suprimirlo nunca y acabará convirtiéndose en una obsesión.

Confiando

No estamos acostumbrados a confiar en las personas, salvo, como mucho, en nuestros padres y quizá hermanos.

Yo no recuerdo que en mi infancia me aconsejaran que confiara en los otros. Y no me refiero solo a la gente desconocida que pudiera acercarse a darme un caramelo y cosas por el estilo. Tampoco en los compañeros del colegio. Y no es que mis padres fueran unos paranoicos, eran personas normales que compartían la misma visión que los padres de mis amigos.

Con el tiempo fui confiando en mis amigos más cercanos. Al resto de las personas las trataba a cierta distancia. Había un refrán por entonces que decía «Desconfía y acertarás» (este era más de mi abuela, que sí era un poquito paranoica). Pero no había ningún adagio popular que dijera algo así como «Confía y serás feliz», «La confianza es un tesoro» o «A quien confía Dios le ayuda» (al que madruga sí). La realidad es que, en el imaginario popular, confiar en la gente no trae ningún beneficio; tan solo peligros.

Así es que no es extraño que muchas personas vayan por el mundo y ante los demás con miedo y desconfianza, pensando que toda persona es egoísta en principio y puede aprovecharse de nosotros. Algunos sostendrán incluso que es mentalmente sano ser desconfiado, porque nos mantendrá protegidos de los peligros y los engaños, y saldremos beneficiado en comparación con la gente confiada.

Pero la experiencia me ha enseñado que la desconfianza conlleva un estado continuo de tensión con las personas y un ánimo tendente a la amargura y a la brusquedad, incompatible con el bienestar y con el buen rendimiento social. Las personas desconfiadas tienden a ser solitarias, intolerantes, criticonas y poco amables. Por eso acaban irritando y alejando a la gente.

La mente racional nos repite que no se puede confiar en nadie, que al final todos fallan. Menos mal que no es la que tiene la última palabra en nuestras actitudes. Porque es cierto que todos somos imperfectos y que no podemos asegurar que no fallaremos. Pero la confianza no se basa en la certeza de que el otro no va a fallar, sino que es un sentimiento del tipo complejo, fundamentado en intuiciones. También se cimenta, cómo no, en hechos pasados y en las aparentes buenas intenciones del otro. No confiamos porque tengamos la certeza de que la otra persona no nos va a fallar, sino que lo hacemos porque sabemos que no intentará defraudarnos.

M. L. tenía veintiocho años, era soltera y trabajaba en la banca. Acudió a la consulta por sentimientos continuos de malestar emocional, mezcla de enfado y desilusión, con un estado de ansiedad leve permanente. Tenía un grupo de amigas y amigos con los que salía a menudo, y estaba bien considerada en el trabajo, pero no acababa de sentirse bien. Entre sus amigos se incomodaba con facilidad si alguna vez no la llamaban o si veía algunas actitudes que podían darle la impresión de que la dejaban en segundo plano. En el trabajo estaba bien, pero no perdía de vista a alguna compañera que podía estar deseando su puesto. Tuvo un novio durante unos años con el que se iba a casar, pero se echó atrás unos días antes de la boda y rompió la relación sin motivos aparentes. Con el tiempo fue perdiendo la relación con los amigos, hubo una reestructuración en el trabajo y se quedó en la calle. Aumentó el consumo de alcohol para aliviar su malestar y para poder relacionarse con otras personas, aunque no llegó a establecer nuevos vínculos y acabó centrada en su familia. Intentaba preparar una oposición pero se sentía muy molesta y enfadada con el mundo en general y también con los médicos, que no habíamos mejorado su malestar emocional.

Como en el caso de M. L., la desconfianza no tiene una razón de ser, a la vez que sí la tiene. Depende de lo que se espere de las otras personas. En el caso de los amigos, M. L. sentía que no encajaba del todo con ellos y estaba intranquila porque esperaba una confirmación continua de que no la estaban apartando. En lugar de aprovechar las partes interesantes, amables y divertidas de ellos, se sentía inquieta por si la consideraban o no necesaria. En el entorno laboral, en lugar de dedicarse a hacer su trabajo con confianza e interesarse por los aspectos positivos de su compañera, estaba inquieta por si esta aspiraba a desbancarla.

Por ello, en la confianza resultan fundamentales nuestras expectativas del otro. Cuanto más esperamos obtener, mayor será nuestra desconfianza. Muchas personas buscan de los demás que las hagan sentirse imprescindibles y que no les haga falta nada más. Estas personas tienen una necesidad de estima muy alta, casi desesperada, y sufren tanto ante la posibilidad de que los demás les abandonen que llegan a destruir la relación con sus muestras de desconfianza y sus celos. Otras personas esperan de los otros que les valoren continua e incondicionalmente, sin criticarles nunca. Esto les mantiene en una situación de desconfianza permanente, ante la posibilidad de que en algún momento se produzca una crítica. Las expectativas que estos dos tipos de personas tienen de los demás son tan desmesuradas que la certeza de que se van a cumplir se vuelve imposible. En ambos casos, al igual que en el de M. L., el estado emocional que acompaña a estas actitudes desconfiadas es de tensión, malestar, enfado, resentimiento o desesperación.

La confianza no es la certeza probada de que todo va a salir bien. De hecho, si necesitáramos pruebas no nos podríamos fiar de nadie. Sin embargo, las personas confiadas suelen vivir con más alegría, tienen relaciones sociales más saludables y son menos proclives a sufrir trastornos mentales. Eso sí, tampoco hay que pasarse, hasta el extremo de ser ingenuos. Hay personas de las que no podemos fiarnos y, para ello, tenemos cualidades como la inteligencia y actitudes como la prudencia que debemos utilizar.

Pero no es fácil ponerse a confiar de un día para otro. Para confiar primero hay que querer hacerlo, tener un deseo de compartir con los demás y conocerlos. En segundo lugar, hay que mirar al otro como a un ser desconocido, sin prejuicios, y estar interesados en lo que nos aporta. Tercero, no debemos esperar que los demás se conviertan en un instrumento para aumentar nuestra estima personal, bien sea porque los cautivemos o porque se dediquen a elogiarnos. Cuarto, debemos sentir y valorar a las personas por las cosas que hacen, no por lo que se supone o se dice de ellas. Y debemos saber expresar nuestro desacuerdo con ellas.

En definitiva, confiar no es fácil, pues el pensamiento pasivo y automático nos lleva con mayor frecuencia al sentimiento contrario, a desconfiar. Confiar es un pensamiento activo, una actitud: la actitud de confiar. Todos tenemos miedo en el fondo a que nos fallen o a que nos abandonen. Se trata de una posibilidad que nunca podremos descartar del todo y que, no por mucho desconfiar, evitaremos. Vivir intentando rehuir esas situaciones nos lleva a la aspereza, al deterioro de nuestra relación con los demás y a la amargura emocional, y eso es mentalmente insano. Ver al otro como una posibilidad, como un encuentro mutuo y satisfactorio y como un igual con el que nos aportamos cosas mutuamente nos permite relacionarnos con confianza, sin recelos ni temores. Podemos mantener un trato social con mayor tranquilidad, interés y alegría, y eso sí es salud mental.

Otro asunto es la llamada *confianza en uno mismo*. Cuando escucho a alguien decir que confía mucho en sí mismo me pongo a temblar. O en el fondo no confía nada o necesita hacerse el interesante. Y no es que no exista la confianza en uno mismo. Lo que ocurre es que uno no la siente conscientemente, y mucho menos hace ostentación de ella.

Las personas que tienen confianza en sí mismas no viven esto así, no se ven como gente maravillosa e infalible. Esta sensación se manifiesta en la confianza que tienen en poder completar los proyectos que inician. Por ejemplo, cuando una persona elige estudiar una carrera universitaria, confía en que podrá completarla. De no ser así, no la habría escogido. Pero no tiene la certeza absoluta de que vaya a conseguirlo. Y tampoco se plantea que la vaya a terminar solo porque tiene mucha confianza en sí mismo. Esta clase de personas confían en sus posibilidades y en que, si todo va bien, sin accidentes, terminarán la carrera. La confianza en uno mismo es como la respiración. La tenemos, pero no solemos ser conscientes de ella. Y así como la respiración es fundamental para la salud física, la confianza en uno mismo es clave para la salud mental.

S. U. tenía treinta años y vivía con sus padres, una familia mal estructurada y con muchos problemas de relación y de negligencias en su infancia. Había sido un chico divertido, un estudiante notable y generalmente chistoso durante el colegio. Con su actitud vencía la ansiedad y la inferioridad que a veces sentía. Tras la selectividad no quiso iniciar una carrera universitaria y optó por un módulo de formación más corto y fácil, pero al llegar a las prácticas sintió una ansiedad social muy intensa y no pudo completarlas. Aquello le afectó gravemente, hizo que aumentara mucho el consumo de alcohol y empezó a tener conductas impulsivas y temerarias relacionadas con la bebida. Intentó hacer varios cursos con posterioridad, pero no finalizó ninguno. Sabía que debía buscar un trabajo, y entendía racionalmente que era capaz de ello y que tenía muchas habilidades. Pero era incapaz de dar el paso, sentía pánico.

Este caso ilustra lo que solemos ver en las consultas y en la vida misma: no es la confianza en uno mismo (salvo los pocos fanfarrones que mencioné antes), sino la ausencia de ella lo que se oye más en la calle. Esta vivencia sí que la siente conscientemente la persona. Es como la desconfianza hacia los otros, también consciente, y que hace que la persona que la padece se retraiga. La desconfianza en uno mismo se manifiesta por el bloqueo, porque no es capaz de seguir adelante y no sabe por qué. Estas personas no piensan que sean menos inteligentes ni menos hábiles. De hecho, durante un tiempo no saben por qué no siguen adelante con sus estudios o no buscan un trabajo. Los familiares y la gente en general no les entiende, piensan que son vagos o rebeldes. Al final, estas personas descubren la respuesta: no confían en sí mismos. No están seguras de que no vayan a fallar o a boicotearlo todo. No saben exactamente por qué, pero no se fían de sí mismos, al igual que el desconfiado no confía en los demás. No tienen la certeza de que vayan a fallar, pero tampoco de que vayan a conseguirlo. Por ello ni tiran del todo la toalla ni vuelven a saltar al ring, se quedan bloqueados en medio.

La pérdida de la confianza en uno mismo proviene de daños profundos en la imagen propia producidos en la infancia o en la adolescencia. El cariño, la atención y la comprensión de los padres son fundamentales en los primeros años de la crianza, así como también los daños producidos por traumas, acoso escolar o agresiones.

No hay ninguna manera de recuperar la confianza en uno mismo por medio de la razón, porque se trata de una vivencia muy profunda. Podríamos describirla como una fotografía velada nuestra en la que se adivina una invalidez defectuosa. Esta imagen solo cambia con el roce con la vida y la sensación de que se está siendo válido. Cuando el bloqueo por desconfianza es leve, puede superarse con apoyo familiar y de los amigos, dando pequeños pasos adelante, sintiéndose en movimiento a través de la acción, haciendo proyectos a muy corto plazo. Si la desconfianza es profunda, se necesita además ayuda psicológica y psiquiátrica.

La desconfianza, como vemos se siente tanto hacia los otros como hacia uno mismo, se basa en una imagen, ya sea de los demás o propia. Una imagen de una persona no fiable y peligrosa. Por ello, el problema de la desconfianza proviene de la imagen que nos hemos hecho o que nos han enseñado. Tememos a una imagen, no a una persona. Por ello, la confianza requiere que nos libremos de las imágenes que tenemos en nuestro interior y nos centremos en las personas en sí tal como sienten y actúan en cada momento.

Confiar en los demás hace también que las otras personas mejoren, que nuestro ánimo se muestre más luminoso y que las relaciones sean más agradables. Se puede confiar, pero a la vez ser también precavido y cauteloso. Confiar no significa ponerse del todo en las manos del otro, ni confiar incondicionalmente. Se trata de dar tiempo para que vaya surgiendo lo bueno de cada persona. Si confiamos en los otros, lo hacemos en nosotros mismos.

Escuchando

Las zonas cerebrales de la audición están en los lóbulos parietales posteriores y oímos por medio de esas neuronas. Pero las zonas cerebrales de la escucha se encuentran en los lóbulos frontales. Así es que este asunto parece ser relevante en el trabajo diario del cerebro, además de complejo, porque implica a varias zonas del mismo.

Oír y escuchar son dos actividades muy diferentes. Los estímulos que entran por el oído se oyen como palabras en la parte posterior del cerebro, en el área parietal. Oír es una actividad pasiva: no oímos lo que queremos, sino lo que llega a nuestro cerebro. Otro asunto es lo que seleccionamos entre lo que oímos y lo registramos como importante y digno de ser atendido o respondido.

Pero el acto de escuchar es un proceso activo que requiere que prestemos atención y que pongamos en funcionamiento nuestra maquinaria inteligente, que se encuentra en la parte anterior del cerebro, en el lóbulo frontal.

Cuando empezamos a estudiar con resonancia magnética craneal las personalidades impulsivas, hace ya algunos años, nos encontramos con la sorpresa de que los lóbulos prefrontales se activaban poco en estas personas. Las personalidades impulsivas incluyen los trastornos límite de la personalidad, y se caracterizan por tener reacciones de ira y otras conductas irreflexivas. Una de las peculiaridades psicológicas de estas personalidades es que oyen mucho, pero escuchan muy poco. Son muy sensibles a las palabras de los demás, por eso reaccionan muy fácilmente, pero son incapaces de escuchar lo que el otro quiere decir de verdad.

A la luz de las investigaciones que se han realizado en los últimos años, parece que el cerebro tiende a desconectar automáticamente ciertas áreas de los lóbulos frontales, en particular las más anteriores e inferiores, las llamadas áreas prefrontales ventromediales. Y solo las pone en marcha cuando la persona quiere. Esto quizá sea una explicación de por qué quienes hablan y actúan mucho, de manera casi automática, no escuchan a los otros. Porque tienen desconectada la zona prefrontal inferior, donde se encuentran las bases cerebrales de la escucha activa.

Esto nos confirma que el proceso de escucha es de carácter activo, requiere la intención del sujeto para que se produzca. En el proceso de escucha, la persona recoge la información procedente de los demás y la compara con la suya propia almacenada en su cerebro prefrontal. Al escuchar al otro, su información puede despertar contenidos e imágenes nuestras que estaban olvidadas en el mundo del subconsciente, aparte de cuestionar algunas imágenes o contenidos nuestros que hasta entonces considerábamos ciertos e indiscutibles. Además, el otro puede aportarnos imágenes y contenidos novedosos que enriquecen nuestra perspectiva global de las cosas. Escuchar sirve para entender y para comprender, en definitiva, para aprender.

Entonces, si es algo tan maravilloso, ¿por qué a los humanos nos cuesta tanto?

> *Un amigo periodista me contaba que en una recepción le pusieron junto a un directivo de una multinacional importante de trato difícil, para que le tuviera entretenido durante la cena. Al día siguiente, el magnate comentó a sus anfitriones lo bien que le había caído mi amigo el periodista. Los anfitriones le llamaron y le preguntaron cómo había hecho para caerle tan bien. Y mi amigo les respondió que no había dicho una palabra en toda la noche; tan solo había estado escuchando el discurso interminable del directivo.*

Hablar mucho y de manera tajante nos da una sensación momentánea de control sobre nosotros mismos y transmite a los demás una imagen de seguridad. Pero estamos equivocados.

Es cierto que algunas personas hablan pausadamente y con seguridad, aunque son una minoría. Más bien habremos observado que muchas personas, la mayoría, hablan de manera impulsiva y a menudo no dejan meter baza a los demás. Se trata de gente que no sabe escuchar, o mejor dicho, que nunca se pone a escuchar al otro. Porque escuchar, como hemos dicho antes, no es una capacidad, sino una actitud.

Algunas personas importantes o célebres no escuchan nada, tanto a un nivel social como familiar. Muchas de ellas son consideradas de convicciones fuertes, pero en realidad se trata de todo lo contrario. La incapacidad para escuchar solo refleja una identidad rígida e insegura, aunque la persona hable con mucha contundencia. Y hay que saber que algunos parecen estar oyendo cuando es nuestro turno, pero tan solo están esperando impacientes su momento para hablar sin escuchar nada de lo que decimos.

Escuchar a los otros nos hace sentir más autónomos y nos ayuda a ser más flexibles con los demás y con nosotros mismos. La escucha activa nos hace ver al interlocutor con sus partes agradables y no tan agradables, y nos permite relacionarnos con él sin idealizarlo ni demonizarlo. En este proceso no hacemos juicios, tan solo estamos atentos a aquello procedente del otro e intentamos asimilarlo. Escuchar nos permite ver en el interior de la persona nuestros propios reflejos y así nos ayuda a percibir nuestro interior. De esta manera se pone el abono para la formación de lo que llamamos «el mí-mismo» (el *self* para los anglosajones). Nuestra identidad íntima, nuestra autopercepción, se va volviendo consistente y segura. Y las personas que tienen una identidad más sólida serán mentalmente más sanas.

Por el contrario, si solo hablamos y no escuchamos, nunca aprenderemos. La parte más difícil en las terapias grupales con personas impulsivas y egocéntricas es conseguir que escuchen de forma activa al terapeuta, y sobre todo que se escuchen entre sí. La gente que no escucha es más suspicaz y desconfiada, está más tensa y tiene un pensamiento más rígido, lo que resulta mentalmente insano y acaba deteriorando sus relaciones.

Pero debemos estar atentos a una confusión común y muy grave. Escuchar al otro no consiste en esperar todas las respuestas a nuestro vacío interno. Algunas personas con baja autoestima escuchan a los demás idealizándolos e intentando encontrar respuestas definitivas.

No se trata de anularnos y esperar que el otro dirija nuestra vida y sea nuestra seguridad. Este fenómeno recibe el nombre de «dependencia identitaria» y se da en muchas personas muy inseguras, que, más que escuchar, lo que hacen es incorporar («introyectar», decimos los psiquiatras) al otro en sí mismos. Esta falsa escucha no conduce a crecer en nuestra identidad, como ocurre con la escucha activa, sino que lleva a cimentar una identidad falsa. Esta última es rígida y fanática, y es la que tienen muchas personas abducidas por sectas o fanáticas de ideas radicales y totalitarias.

La escucha activa debe ser intencional, es decir, debe haber un propósito de conocer el discurso del otro para contrastarlo con el nuestro propio. Además, debe ser también bidireccional, y emanar de las inquietudes, curiosidades y dudas de ambos. La escucha activa enriquece nuestra propia personalidad e identidad, y hace crecer las ramificaciones de nuestras neuronas prefrontales. En este proceso buscaremos los miedos de los otros, sus ilusiones y sus confianzas, que posiblemente puedan iluminar las nuestras. Pero no indagaremos en su verdad para fotocopiarla. Al comprender al otro llegaremos a percibirnos de una manera consistente. La verdad interior de los demás ilumina nuestra propia verdad, pero no debe dictarla.

Por este motivo, cuando hacemos una psicoterapia, debemos evitar que el paciente nos escuche desde una posición vacía de intenciones, con el propósito de imitar lo que decimos. Primero, debemos generar en el paciente una inquietud, una curiosidad. Solo entonces sus neuronas crecerán al escuchar nuestro discurso. Y entonces este proceso valdrá para mejorar su identidad y su salud mental.

Todo esto suena muy bonito, pero lo cierto es que la mayoría de las personas prefiere no escuchar y mantener la seguridad en tres o cuatro convicciones antes que exponerse a que el otro le haga dudar. Hablar mucho y escuchar poco nos protege de la inseguridad y nos lleva a aferrarnos a nuestra identidad. Las personas con una identidad rígida son inseguras y tienen miedo a escuchar algo que despierte su propia fragilidad e inconsistencia. Escuchar al otro les hace perder la falsa seguridad y por ello evitan hacerlo.

La falta de escucha lleva a la polarización del lenguaje, a la división en buenos y malos, en blancos y negros. También crea una falsa seguridad irritada y belicosa, y un empobrecimiento de la personalidad que se manifestará en los momentos difíciles de la vida.

La persona mentalmente sana posee una identidad sólida y consistente porque no tiene miedo a escuchar al otro e incluso a descubrir nuevas cosas en su interior. La identidad consistente es una estructura sólida, pero a la vez flexible; también es sosegada y silenciosa, no apabulla hablando, aunque tampoco pasa desapercibida y a veces incluso ilumina a los otros, sin aspavientos ni afirmaciones ostentosas. La identidad insegura por el contrario resulta gritona, apabullante y luce una falsa seguridad, que intimida, pero no alimenta la identidad del otro.

En conclusión, la práctica de la escucha activa, intencional e interesada vuelve más sólida la identidad de las personas y, con ello, más sanas y flexibles ante las situaciones de estrés. La incapacidad para escuchar hace a las personas más rígidas y las debilita para las crisis futuras. Estas claves nos darán una idea de quién está mentalmente más sano.

Conectando con el mundo interno

Vivimos en un entorno cargado de ruido externo que absorbemos como nunca en la historia de la humanidad. La televisión, los móviles y las redes sociales han provocado que cada persona tenga acceso a una información constante y abrumadora. Vivimos en una especie de inmensa factoría donde todos hacemos muchas cosas durante el día y a lo largo de nuestra vida; intentamos no dejarnos nada sin hacer, aunque en realidad no sabemos exactamente qué es lo que debemos realizar, para qué sirve lo que estamos llevando a cabo y cuándo debemos parar porque ya hemos completado nuestra tarea. Vivimos en un ruido externo ensordecedor que nos impide detenernos en silencio y pensar.

Pues bien, la evidencia demuestra que las personas más sanas mentalmente pueden llegar a abstraerse del ruido y quedarse a solas con su silencio interno.

El ruido exterior son los pensamientos que zumban en la mente como un enjambre de abejas, que suenan revoloteando, pero no se asientan. Estos no salen de nuestro ser ni los hemos llamado nosotros y pensamos en ellos como autómatas, desconectados de nuestros sentimientos profundos.

También forma parte del ruido externo el conjunto de temores y de exigencias que están en nuestra mente y parecen ser propiamente nuestros pero nos llevan a una actividad compulsiva y asfixiante.

> *J. A. tenía veinticinco años y una carrera brillante en Economía y Dirección de empresas. Del máster de especialización pasó directamente a trabajar en la*

compañía donde realizó las prácticas, la cual gozaba de mucho prestigio. Se trasladó de su ciudad natal a Madrid por su trabajo, donde vivía solo en un apartamento y tenía poca vida social. Por ello marchaba a su ciudad natal muchos fines de semana con su familia y también para ver a sus amigos de la infancia. Había sido un chico afectuoso, con pocos pero buenos amigos, sensible y agradable. La relación con su novia, con la que llevaba cuatro años, había quedado en suspenso porque las expectativas laborales de ambos no coincidían y ella estaba en esos momentos especializándose en el extranjero. J. A. trabajaba desde las ocho de la mañana hasta las nueve de la noche, y cada vez recibía encargos de mayor responsabilidad, lo que le hacía sentirse orgulloso, sentimiento que compartían sus padres, quienes pensaban que su hijo llevaba una carrera excelente.

De hecho, J. A. no acudía a la consulta porque estuviera agobiado y ansioso por el trabajo. Lo hacía empujado por la familia, porque un fin de semana se había puesto a llorar desconsoladamente coincidiendo con la boda de un amigo y había comentado a su familia que sentía pánico a quedarse solo en la vida y que a veces le venían a la cabeza ideas de que estaría mejor muerto.

En la consulta hablamos de algunos de sus problemas sentimentales, pero su principal motivo de angustia era el temor de no poder realizar el trabajo adecuadamente, de no poder responder a las exigencias de la empresa en un momento tan importante de su carrera y en el que habían depositado mucha confianza en él.

El cuadro mejoró con un fármaco antidepresivo, pero J. A. declinó la invitación a realizar una psicoterapia exploratoria de su mundo interno emocional. Dijo que se lo pensaría, pero al final no acudió. La situación parecía estable, pero al cabo de tres meses se produjo un episodio de angustia parecido al anterior, también durante un fin de semana. En la consulta, lo que más preocupaba de nuevo a J. A. era la angustia por no poder rendir lo suficiente, incluso por tener que robar tiempo al trabajo para acudir a la consulta.

El caso ilustra muy bien lo que nos pasa a la mayoría de las personas, especialmente las que vivimos en ambientes profesionales muy ajetreados. La vida emocional y los sentimientos pasan a un plano inferior, donde quedan en suspenso hasta que solucionamos todos los asuntos externos. Estos son la carrera profesional, el éxito económico, los encargos especiales en el trabajo, los estudios de los hijos, el amueblado de la casa, la gestión de las vacaciones o la reparación del coche. Vivimos haciendo tantas cosas que llegamos a pensar que nuestra vida está llena, e incluso decimos que no podemos incluir nada más. Y, a pesar de ello, no nos sentimos bien.

Los humanos necesitamos estar enganchados a una actividad en la que nos sintamos unos profesionales valorados por los demás. Y además nos hace falta estar conectados a un entorno social, en el que también queremos ser valorados y aceptados. Y queremos tener una casa a la altura de las expectativas, y también un cuerpo saludable, y además un nivel presentable de cultura cinematográfica, y así interminablemente. En definitiva, queremos ser apreciados por nuestra valía y dar una buena imagen. Y todo esto nos lleva a zambullirnos en ese gran ruido externo en el que participan todas las personas que quieren ser apreciadas y aceptadas por los demás. Algunas incluso aspiran a ser envidiadas (las más narcisistas, claro).

El arrastre del ruido externo no es igual para todos. Las personas con mayor inseguridad interna tienen mayor necesidad de reconocimiento por parte de los demás y su temor a no dar la talla es mayor. Pero en general todas acaban ahogando su mundo emocional interno para satisfacer las demandas que el mundo externo nos hace (o al menos eso creemos) para apreciarnos y valorarnos. Y al final parece que estar en el ruido externo se hace como adictivo.

Pero estar desconectado de nuestro mundo interno se acaba pagando emocionalmente en forma de inseguridad, irritabilidad y ansiedad. Con la sensación de vivir por inercia y sin sentido, sin saber para qué hacemos tantas cosas. Y, a la larga, con un sentimiento de vacío permanente que puede acabar en depresión y pensamientos de suicidio.

El mundo interno está habitado por emociones profundas y arraigadas, entre las que puede estar el miedo intenso: miedo a decepcionar a los padres, a ser humillado en la carrera al éxito, o el temor intenso y oculto a ser abandonado o a ser engañado... También puede encontrarse la rabia por una educación muy estricta y severa, por una falta de atención o por maltratos durante la infancia. En el mundo interno puede haber una tristeza profunda y un sentimiento de soledad interior, a pesar de que estemos rodeado de muchas personas.

El mundo interno también acoge las imágenes invisibles que tenemos de nosotros mismos y del mundo. Allí se encuentra la foto que tenemos de nuestras debilidades, valía, necesidad de estima e imagen personal (la propia, no la que el mundo tiene de nosotros).

Por todo ello, las personas necesitan acceder a su mundo interno para adquirir un sentimiento de coherencia. De coherencia entre lo que hacen, sus propios sentimientos y los deseos internos. Y entre la imagen que pretendemos dar ante los demás y aquellas que tenemos de nosotros mismos y del mundo.

Entre la gente que vive del todo desconectada del mundo interior, encontramos a personas que trabajan de forma compulsiva, dejando de lado el cuidado de sus vínculos importantes, o que se entregan a su empleo, a la vez que tienen ideas de morirse y descansar de todo. También hallamos a gente que se pone especialmente irritable durante las vacaciones y a matrimonios que se separan durante las mismas. Encontramos a personas exitosas y admiradas que se sienten desconfiadas e íntimamente solas. El mundo interno no desaparece por mucho ruido que hagamos con nuestra actividad ni por muchos logros que le echemos encima, como quien tapa la basura con una capa de hormigón. El mundo interno siempre está con nosotros, vive en nosotros. En realidad, somos nosotros.

Debemos, por tanto, aprender a parar. Y, para hacerlo, necesitamos primero la actitud de querer hacerlo, al sentir que se trata de una necesidad saludable. Debemos entender que la vida activa en el mundo externo es adictiva y que nos arrastra a un movimiento continuo y compulsivo sin finalidad. Y por tanto hay que ponerse un freno, por mucho que no lo entendamos. De la misma manera que buscamos tiempo para hacer ejercicio porque es saludable, debemos entender que hacer este ejercicio mental de detenerse a conectar con el mundo interno es también necesario para la salud mental.

Para aspirar a una mente sana hay que aprender a dejar esta en blanco y acceder a nuestro silencio. Así podremos percibirnos, sentirnos, reconocernos. Podemos utilizar la meditación, el *mindfulness*, la oración o cualquier otra estrategia para conectarnos con nuestro ser íntimo.

Pero no es tan fácil, por eso la mayoría de los humanos optamos por correr y hacer mucho y por meditar y orar poco. Quedarnos en silencio con nosotros mismos puede darnos miedo, podemos temer inconscientemente a nuestros sentimientos y demonios. Pero nada de lo que reconozcamos en nuestro interior profundo puede ser maligno. Todos nuestros sentimientos son legítimos y hay que darles entrada en nuestro ser consciente. Luego ya los trabajaremos para acomodarlos y cambiarlos.

Solo es maligno aquello que está y no se conoce o es repudiado. Nuestra rabia, nuestro miedo, nuestras dudas, nuestros deseos y nuestro odio son todos hijos nuestros y tenemos que escucharlos. Solo así podrán educarse y madurar de manera saludable.

Para tener una mente sana y capaz de entender y afrontar situaciones vitales complejas, hay que conocerse internamente. Es imprescindible tener momentos de introspección y de silencio, mirándonos a nosotros mismos y apartados del bullicio de los pensamientos mundanos.

Pero en este punto hay que lanzar una severa advertencia: observarnos y contemplarnos no es lo mismo que analizarnos. Y mucho menos aún es algo parecido a juzgarnos. Algunas personas tienen muchas dificultades para meditar o para hacer oración profunda por su tendencia a analizar sus sentimientos y sus actos, buscando motivos y causas. Cuando hacemos esto, estamos llevando de nuevo nuestro mundo interior al ruido global del mundo externo.

Tenemos que mirarnos y sentirnos contemplativamente, sin explicar ni valorar. Mirar es ver, y escuchar es comprender. Y, como dijimos antes sobre la escucha activa, el proceso de mirar es activo. Si lo hacemos pasivamente, solo veremos hechos e impresiones que nos llenarán la mente de preguntas y juicios automáticos. Mirarnos de forma activa conlleva un ejercicio mental de ahuyentar los pensamientos externos, incluidos los análisis, las valoraciones y los juicios.

Si conseguimos mirarnos sin juzgarnos e ir conociéndonos poco a poco por dentro, estaremos mejorando nuestra salud mental en la medida en que nuestra coherencia vital se irá consolidando. Nuestra identidad será más sólida y nuestra personalidad estará mejor preparada para soportar las tormentas que con seguridad aparecerán en nuestras vidas.

Orden y organización

Quiero avisar de que va a hablar del orden y la salud mental un psiquiatra que no se ha caracterizado nunca por ser muy ordenado ni muy puntual. No me he caracterizado por tener conductas metódicas y planificadas, y la mayoría de mis colegas de la universidad tenían las cosas más programadas que yo. Así que no voy a dar lecciones de ser ordenado ni me voy a meter con las personas que lo son poco. La salud mental tiene cierta relación con el mantenimiento de un orden, pero el asunto no es tan simple.

Cuando echo la vista atrás, sí que identifico la existencia de un orden necesario y podríamos decir que universal, que viene dado por la misma naturaleza de las cosas y no impuesto por la sociedad del momento. El crecimiento de las personas solo discurre naturalmente si se ajusta a un cierto orden.

El filósofo Immanuel Kant, uno de los grandes de la historia del pensamiento, era una especie de maniático del orden. Todos los días a las cinco en punto de la tarde tomaba el té en su casa de Königsberg, la actual Kaliningrado, hasta el punto de que todos los vecinos ajustaban sus relojes a la hora del té del filósofo. Esto me dio que pensar, pues esta costumbre venía de uno de los filósofos racionalistas más grandes de la historia. ¿Qué explicación racional puede haber para tomar el té exactamente a las cinco?

Kant no tenía un trastorno obsesivo compulsivo, algo que con seguridad le hubiera impedido escribir y pensar como lo hizo. Pero sí pensaba que los humanos necesitamos un cierto orden impuesto, que es aquello que toca hacer porque es lo correcto. Tener algunos horarios, controlar algo los tiempos para cada actividad, ser puntuales, saber dónde están las cosas colocadas, trabajar poco a poco y no dejar que se acumulen las tareas, limpiar con regularidad la casa y así pueden imaginarse muchos más ejemplos. Son cosas que tenemos que hacer porque resultan incuestionables. Y lo son porque no se trata de un capricho de la familia, del Estado o de la sociedad. Son claves universales que a la misma sociedad le vienen impuestas desde algún lugar más allá del hombre. Kant pensaba que el yo tiene una especie de organización prefijada que da forma a todo lo que conocemos y que nuestra organización mental solo es posible si se ajusta al orden universal de todas las cosas.

¿Cómo se traduce en la vida real esta píldora filosófica que acabo de administrar? Cuando no hay orden, aparece el desorden y el caos, incompatibles con la vida humana. La persona que no limpia con cierta regularidad acaba viviendo en un pandemónium grotesco. El chico que no acude a clase de secundaria todos los días acaba no yendo ninguno. Cuando uno no trabaja de manera regular, las tareas acumuladas son tantas que acabamos pensando que la labor es imposible y nos deprimimos. Si no repetimos los detalles y las salidas con la pareja, acabaremos sin detalles, sin salidas y probablemente sin pareja. Si no hacemos algo de ejercicio regular, terminaremos llevando una vida peligrosamente sedentaria.

Es muy común argumentar que podemos tener una forma propia de hacer las cosas, sobre todo cuando somos jóvenes. Pero, salvo que una persona decida que no quiere estar adaptada al mundo, conviene seguir un orden.

El té de las cinco del filósofo Kant no era absolutamente necesario, pero significaba que algunas cosas sí que lo son.

> *C. R. tenía veinte años. Había terminado el bachillerato tras repetir curso en dos ocasiones. Sus padres estaban separados, trabajaban muchas horas y no tenían mucho control sobre ella. Era inteligente y buena estudiante, pero en primero de bachillerato dejó de ir algún día a clase. No le apetecía y tampoco parecía importante. Se encontró con otros alumnos que tampoco iban a clase, aunque no pensaba ser como ellos porque eran del grupo de los repetidores. Faltó algún día más, y otro, hasta que su ausencia de clase se hizo asidua. Pensaba y aseguraba a sus padres que no tendría problemas para aprobar, ya que las clases eran poco informativas. Finalmente suspendió el curso y tuvo que repetir por primera vez en su vida, lo que le produjo una sensación oculta de frustración que también escondía a sus padres. Pero no podía ocultársela a sí misma y empezó a consumir cannabis y ansiolíticos por su cuenta. Con-*

siguió a duras penas terminar el bachillerato, pero con una adicción grave que requirió un ingreso para su desintoxicación. C. R. se matriculó en la universidad, pero a los pocos días dejó de asistir a clase y dijo que la carrera que había elegido no le gustaba. Había pasado todo un año en tratamiento por sus adicciones y tenía intención de volver a matricularse en la universidad el próximo año, pero no sabía en qué.

Podrían atribuirse distintos diagnósticos para el problema de C. R., desde la adicción a los tóxicos hasta un trastorno por inmadurez de la personalidad o de la identidad. Y ambos serían aplicables en parte. Pero lo cierto es que C. R. no tenía estos problemas cuando era más pequeña. Y empezaron a aparecer cuando comenzó a faltar a clase. La psicoterapia no descubrió traumas infantiles ni emociones dolorosas ocultos, así como tampoco alteraciones graves de la identidad. Tan solo una intensa y oculta frustración por haber perdido el ritmo estos años y una sensación de ser una decepción y un fracaso para sus padres.

La ruptura del orden natural dio lugar a una desestructuración completa del desarrollo de esta chica. Cuando faltó alguna vez a clase no ocurrió nada y, al repetirse las faltas, tampoco. Pero el transcurrir normal del desarrollo de una chica de dieciséis años se trastocó cuando se salió del orden natural de ir a clase todos los días. Probablemente algunas personas piensen que se puede evolucionar con normalidad sin asistir de manera regular al instituto. Pero la realidad clínica demuestra que eso es imposible. Acudir a clase todos los días es un principio de orden incuestionable, no un capricho de los colegios o de los padres.

Los pacientes de nuestro hospital de día tienen la obligación de asistir todos los días y de llegar puntuales. No es válida la excusa de que se encuentran mal o deprimidos. Si faltan varias veces, pierden la plaza. Muchas veces hay que explicarles que las normas han de ser para todos y que no se puede estar haciendo excepciones con cada persona, aunque ellos lo discuten con el argumento de que están enfermos y por ello son menos constantes. Pero al cabo del tratamiento, los pacientes que han seguido acudiendo regularmente tienen la mitad de la curación conseguida. El sometimiento a un orden, lo que implica levantarse por la mañana, tolerar el malestar de los días malos y, aun así, acudir y participar en las terapias aunque no les apetezca, les vuelve a introducir en un mundo coherente y acogedor del que antes estaban excluidos. Desde esa coherencia ordenada, el resto del trabajo terapéutico resulta ya posible.

> *M. L. tenía diecisiete años y un diagnóstico de anorexia nerviosa; vivía con sus padres y con otra hermana menor. Acudía a clase, pero la relación familiar era muy tensa, con enfrentamientos constantes. M. L. pasaba la mayor parte del tiempo metida en su habitación y prefería evitar el contacto con los padres. Cuando preguntamos a los padres de M. L. sobre la actitud de la chica en la mesa al cenar, la respuesta fue que nunca lo hacían juntos (tampoco comían a la vez por los horarios escolares y laborales en una ciudad grande). Cada miembro de la familia se servía su bandeja en la cocina y cenaba cuando le apetecía; alguno en el salón viendo la televisión, otros en la cocina o en su habitación. Y esta situación no era nueva, sino habitual en la casa desde hacía años.*

El orden alrededor de la mesa familiar en la casa es fundamental para el mantenimiento de los hábitos alimentarios de una adolescente e incluso para la conservación de un mínimo orden en las dinámicas familiares. En el momento en el que se hace posible que los hijos adolescentes puedan decidir no compartir la mesa con sus padres, se abre al camino al desorden alimentario y al derrumbamiento de los límites familiares, como repite con insistencia mi mujer, Marina, que es experta en los trastornos de la conducta alimentaria. Este orden es superior incluso a las propias preferencias o ideas al respecto que tengan los padres.

Hay un orden universal que gobierna las relaciones humanas desde lo natural. No es un asunto teórico que dependa de si uno es más anarquista o más conservador. Las formas y matices del orden pueden variar ligeramente en las distintas culturas, pero no hay salud mental sin ajustarse a él.

Es cierto que el ajuste puede ser más flexible o más rígido. En el primer caso, una persona que lo deja todo para luego acabar inmersa en el caos. Pero también alguien obsesionado de forma rígida con el orden perfecto acabará desquiciado mentalmente. Las personas obsesivas son conocidas por lo difícil que es convivir con ellas, pues no toleran el mínimo desorden en la colocación de las cosas ni en los horarios, ni la menor impuntualidad o incertidumbre.

Por ello, el orden va ligado a la salud mental, siempre que no nos pasemos con el mismo. Las personas que se organizan y llevan una vida ordenada tienden a tener mejor salud mental, en el sentido de que están más protegidas del estrés inesperado. A todo el mundo se le puede estropear el coche, pero es más probable que esto nos ocurra si no lo llevamos a hacer las revisiones regulares y los cambios de aceite. Para finalizar de manera satisfactoria una carrera universitaria no es estrictamente necesario estudiar todos los días, pero sí que habrá que hacerlo con cierta regularidad. Para mantener sana una pareja hay que seguir un cierto orden de comportamiento que conlleva realizar actividades juntos, tener detalles en los días señalados y llamar por teléfono regularmente. Todo ello, además del amor y de la complicidad que se les supone a ambos.

Para aspirar a la salud mental es preciso adecuarse a un cierto orden diario: hay que acudir al trabajo de manera regular, tener horarios fijos para la comida o la cena, disfrutar de momentos de ocio, disponer de un tiempo para los hijos y también para los abuelos. También hay que hacer algo de ejercicio regular, aunque sea simplemente pasear. Está demostrado que la práctica de ejercicio moderado mejora el estado de ánimo porque este tiene un efecto antiinflamatorio, pero también por la sensación de autogobierno que produce. Como decía al principio, y he tardado en reconocerlo, seguir un cierto orden en las cosas y las actividades se refleja en la salud mental de las personas. Tenerlas desordenadas contribuye al estrés, a las discusiones, a la irritación y al abandono de lo que es necesario e importante. El orden nos ayuda a hacer lo correcto con mayor libertad, aunque parezca paradójico, y con concentración plena en lo que hacemos. El mantenimiento de cierto orden permite a las personas hacer lo que deben manteniendo la capacidad para decir que no a otras propuestas o invitaciones.

La mala relación con el orden deteriora la salud mental y refleja siempre un intento de alejarse de lo inevitable. Las personas que huyen del orden intentan evitar el estrés negando la necesidad misma del orden, hasta que se encuentran viviendo en la apatía, desordenada y frustrada. Y quienes se obsesionan con el orden también intentan evitar el estrés creyendo que si todo está impoluto nunca pasará nada imprevisto y malo. Ambos tipos de personas están lejos de lo que llamamos salud mental, porque tanto unas como otras se hallan al borde de la ansiedad o de la depresión. La salud mental se sitúa en esa zona en la que intentamos ser ordenados, aunque a veces no lo consigamos. Podemos y debemos ser imperfectos con el orden si queremos estar mentalmente sanos, pero no podemos ignorarlo, bajo riesgo de acabar en la enfermedad mental grave.

El orden es en parte sinónimo de organización. De hecho, organizarse consiste en poner orden en nuestras cosas, y también en nuestra mente. Algunas personas tienen muchas cosas que hacer y otras no tantas, dependiendo de sus circunstancias y de su personalidad. Pero todas ellas deberán en alguna medida organizar el orden de sus cosas, pues de otra manera se acumulará la tensión y acabarán bloqueándose. Incluso quienes tienen pocas cosas que hacer deben organizarse y poner horarios, porque si no acabarán cayendo en la apatía, en la pereza y dejarán incluso de sacar al perro a hacer sus necesidades.

Gestionando el control

El primero que habló de la necesidad íntima de controlar que tienen los humanos fue Sigmund Freud a principios del siglo xx. Freud describía una fase del desarrollo del niño, entre los dos y los tres años, que coincidía con la adquisición de la capacidad para dominar los esfínteres anal y vesical, en la que los niños empiezan a disfrutar con el control de las cosas y de las personas.

«Control» es una palabra propia de nuestro sistema e implica poder, no solo en el sentido de dinero o de posesiones, sino en tener la sensación de que se puede intervenir en los acontecimientos.

Por supuesto que es necesario tener cierto control sobre la educación de los hijos y su libertad de movimien-

tos tanto para nuestra salud mental como para la de ellos. Del mismo modo nos hace falta sentir que controlamos el desempeño de nuestros empleados o la evolución de las enfermedades de nuestros pacientes en el caso de los médicos. Un fontanero mentalmente sano dejará la instalación bien asegurada porque quiere controlar que no va a haber una nueva fuga de agua.

Alguna vez tendrá algún despiste, y eso entra dentro de lo sano. Pero si no tiende a estar atento al control de sus instalaciones, acabará teniendo problemas sociales y mentales.

Todas las personas tienen en su vida un área de control en la que deben esforzarse para encontrarse bien mentalmente, porque si no lo hicieran tendrían sentimientos de culpa o de fracaso. Los padres tienen capacidad de control sobre sus hijos pequeños, los médicos sobre sus pacientes y los carteros con la distribución de los envíos. En este sentido, una cierta sensación de control derivada de haber actuado correctamente se asocia a una mente saludable.

Sin embargo, habrá otras áreas de la vida en las que nuestra capacidad de control no existe y, si nos empeñamos en ejercerlo sobre ellas, acabaremos deteriorando nuestra salud mental con sentimientos de frustración, estrés y rabia. Cuando los hijos se hacen mayores de dieciséis años, tenemos muy poca capacidad de control sobre sus acciones, salvo con nuestro ejemplo y a veces con nuestro dinero. Pero no debemos intentar darles consejos y sermones incesantes para que hagan esto o lo otro, o para que no caigan en este error o en el de más allá. Esa necesidad de control acabará con nuestra salud mental y probablemente también con la de nuestros hijos.

Tampoco puede ejercerse el control sobre nuestras parejas, salvo el que derive de nuestras actitudes amorosas y atractivas y del amor profundo que sintamos por ellas. Incluso aquellos que intentan dominar a través de la queja, los reproches, los celos o la intimidación, no lograrán nunca tener la sensación de que tienen alguna clase de control sobre su pareja.

No tenemos control de todas las averías, los destrozos o las plagas que puedan surgir en la casa, aunque hagamos una buena prevención, porque siempre vendrán unas tormentas, se volará una teja, aparecerán cucarachas o se romperá algún plato. Estaremos ansiosos antes de que ocurra, y resignados después, cuando suceda. Las personas hipercontroladoras tienen muchas dificultades para aceptar que pueden tener lugar resultados indeseables, aunque lo hayan hecho todo correctamente, por lo que tienden a torturarse con comprobaciones excesivas o a mortificarse cuando algo no ha ido bien del todo. Y en los casos peores tienden también a martirizar a los demás por el mismo motivo.

El exceso de control también convierte en insanas a estas personas para la gente de su entorno. Por ejemplo, el médico que no tolera que su paciente puede ir mal a pesar de todos sus esfuerzos y conocimientos acabará deprimido o echándole la culpa de que no se quiere curar, o de que no se toma los medicamentos. El técnico del televisor que no acepta que la televisión se puede estropear repetidas veces a pesar de su maestría acabará obsesionándose con sus errores, o le echará la culpa al cliente de no usarla bien.

En resumen, la sensación de control es necesaria para la salud mental, para no sentirnos perdidos, inseguros y atemorizados. Pero los eventos que no controlamos son tantos que la intolerancia a la falta de control se convierte en una fuente continua de malestar, tanto para nosotros como para los demás. Es insano mentalmente no tener ninguna sensación de control, y a las personas a las que les sucede esto suelen ser evitativas y dependientes. Y tampoco es sano pretender controlar aquello que no podemos, así que la gente que quiere dominarlo todo tiende a ser narcisista e intolerante con los fallos de los demás.

Viviendo con propósito e intención

«Propósito» es otra palabra con la que debemos tener cuidado en la salud mental, pues indica que existe una intención antes de realizar la acción, lo que está ligado a una mente saludable.

La mente está en modo sano cuando vemos una serie de televisión con el propósito de verla o cuando buscamos algo en internet. Pero no lo está si estamos tirados y apáticos mirando la televisión o el móvil sin ver nada en concreto. La personalidad se fortalece cuando decidimos ordenar la habitación o encender el ordenador para estudiar. Sucede lo contrario si lo hacemos bajo coacción o chantaje de los padres o de la pareja. Solo nos volvemos más sanos cuando actuamos con propósito porque esta es la esencia misma del yo, del sujeto intencional (con intención).

Por esta razón, tener un día lleno de propósitos es sano mentalmente, por muy pequeños que sean los objetivos: «me sentaré en una terraza a tomar una caña», «voy a dormir un rato», « estudiaré media hora», «voy a sacar al perro». Queda claro que tener propósitos no es sinónimo de proponerse metas ni objetivos grandes.

Los propósitos, como vemos, no tienen que ser siempre apetecibles. Unos son por deseo (un café, ver una serie, dar un paseo) y otros porque es lo correcto y nos obligamos («voy a estudiar un rato», «luego regaré las plantas», o «daré un paseo por recomendación médica, aunque no me apetezca»). La vida con propósito consiste en vivir pequeñas cosas cada día con intención plena y con atención. Lo contrario es vivir de manera automática y desconectada de nuestra propia intención y hasta de nuestro propio deseo.

El propósito lleva en sí mismo la intención y la libertad de elección. Cuidar estas dos dimensiones es vital para la salud mental. Hay dos formas de vivir insanamente y sin propósito: Una es estar todo el día aplanado y apático, oyendo sin escuchar y mirando sin ver (la televisión, el móvil, el zumbido de nuestros pensamientos). Y la otra consiste en todo lo contrario, en estar todo el día haciendo muchas cosas por inercia, apresurados, con ganas de acabarlas todas, como un pollo sin cabeza. Hacer muchas cosas no equivale a tener propósito, aunque a la gente se lo parezca. Ambas situaciones, la apática y la hiperactiva, llevan a la ansiedad, a la frustración y, finalmente, al sentimiento de vacío, que no es otra cosa que la sensación de falta de propósito.

¡Pero tengamos mucho cuidado con la idea de propósito! Nuestra cultura orientada a la productividad y al éxito habla de propósito en el sentido de metas y objetivos. «Tienes que ponerte unos objetivos». «Tienes que fijarte una meta». Los objetivos a largo plazo son un ideal, no un propósito ni una intención. Muchas personas se plantean, u otros les plantean, objetivos tan lejanos que su voluntad desaparece. El propósito es una sensación de empuje diario, en una dirección más o menos definida, pero renovada en cada paso. Se tiene el objetivo de acabar el bachillerato, pero el propósito se renueva cada día asistiendo a clase y estudiando una o tres horas. El propósito es presente, el objetivo es una ilusión, aunque este llegará si el primero se mantiene. Los propósitos a largo plazo y fijados de manera rígida suelen acabar con la salud mental de las personas. Es más sano funcionar con la luz corta, paso a paso, sin pensar en la meta.

Diferenciando metas, objetivos y finalidad

Un día me preguntaron por qué había estudiado Medicina. La verdad es que no ha sido la única ocasión. Creo que la primera vez respondí que porque me gustaba mucho la biología y el funcionamiento del cuerpo humano. La segunda debí contestar que porque me gustaba ayudar a los demás. Y cuanto más me lo fueron preguntando a lo largo de mi vida, más me fui dando cuenta de que no sabía por qué había estudiado Medicina. Entre otras había una razón que siempre me venía a la mente, pero nunca me atreví a confesar: porque me parecía atractivo ser médico.

Me cuesta definir qué significaba «atractivo» para mí. Ser médico era interesante para la gente y a mis padres les parecía la bomba (ninguno de ellos era médico ni universitario), así que me parecía que daba una cierta importancia ante los demás. Pero no se me ocurría confesarle ninguna de estas cosas a la gente que me preguntaba. Ni siquiera yo las tenía tan claras.

Así es que respondía que si la biología, que si la ciencia, que si la solidaridad y la ayuda a los demás, que si la vocación, que si el cerebro, etc. Yo no me acuerdo cuántas respuestas diferentes habré dando en las muchas entrevistas que me han preguntado por este asunto.

Pero la verdad es que lo hice porque me imaginaba siendo un médico, nada más. Todo lo demás, la biología, la ciencia y el altruismo eran un relleno verbal de una elección que había tomado mi corazón, no yo. Porque, además, lo que más me gustaba estudiar en el bachillerato era Historia y Filosofía. Pero no me veía ni de historiador ni de filósofo. ¿Por qué? Pues lo único que recuerdo es que me gustaba estudiar Filosofía e Historia pero yo me veía más importante siendo médico.

Habrán pensado que soy un narcisista por elegir de esa manera. Piensen lo que quieran, pero ese es el motivo por el que escogemos un camino vital. No me refiero a que todos seamos narcisistas, sino a que elegimos porque nos vemos bien en esa imagen, ya sea médico, profesor, bombero u hostelero. Cualquier otra explicación es de relleno, para justificar una decisión que tomamos porque nos ha venido así, nos atrae o nos gusta nuestra imagen haciendo eso que hemos escogido.

Y lo más importante de todo es que si nuestra elección no se debe a esto que acabo de decir, esto es, porque nos atrae, probablemente el proyecto se venga abajo más pronto que tarde.

Tengamos explicaciones o no para nuestra elección vital, debemos vernos bien en la imagen de lo que vamos a hacer.

Mi mujer siempre afirma que quería ser psiquiatra desde la adolescencia, a raíz de un libro que leyó. Yo nunca jamás me lo había ni siquiera planteado has-

> *ta el quinto año de la carrera de Medicina. Pues bien, da igual, ambos nos veíamos atractivos siendo psiquiatras. Incluso ella, aunque tuviera múltiples explicaciones que dar para su elección (la mente maravillosa, el enigma, la ayuda a los demás, la cura de la locura, etc.), tomó en el fondo la decisión porque se gustaba a sí misma en el papel de psiquiatra. Y yo por lo mismo.*

Esto es lo que quiero subrayar en este apartado. Las buenas elecciones vitales las tomamos por el deseo de vernos a nosotros mismos con una imagen que nos gusta. Y el deseo nace, surge espontáneamente, y da igual de dónde provenga: de ser como nuestros padres, o diferente a ellos, de una película que hemos visto o de un libro que leímos. El caso es que vemos nuestra imagen en ello y nos gusta.

Si alguien toma una decisión de estas para demostrar algo a una persona, incluso a sí mismo, mal vamos, este camino va a durar poco.

Esto afecta de lleno al lamentable concepto de metas y objetivos que tenemos actualmente, las cuales marcan de manera predominante el discurso imaginario de nuestra sociedad.

> *F. G. tenía dieciocho años e iba dando tumbos tras terminar a duras penas el bachillerato. La verdad es que él nunca había querido estudiarlo, podría haber escogido algunos módulos de arte y pintura, que es lo que más le ha gustado desde siempre. Pero eso era imposible de plantear en su caso, según contaba: «Sin bachillerato no vas a ningún sitio», le decían sus padres. Así es que lo terminó y se quedó parado a la espera de presentarse algún día a la selectividad, pero de momento, no se veía con fuerzas para hacerlo.*

Los padres de los últimos cincuenta años han estado obsesionados con la idea de que los hijos acabaran el bachillerato. «Termina por lo menos el bachillerato, que sin el título no podrás tener ningún trabajo». Un porcentaje menor de progenitores, aunque también muy grande, no puede soportar la idea de que sus vástagos no estudien una carrera universitaria, aunque no lo confiesen.

> *M. A. tenía dieciséis años, fue adoptado a los dos años junto con otro hermano suyo, y tenía otros dos hermanos, hijos biológicos de la familia. La enseñanza primaria fue tranquila, aunque fue diag-*

nosticado de un trastorno por déficit de atención, por el que recibió tratamiento y apoyo, y socialmente se manejaba bien con los amiguitos. En familia era afectuoso, gracioso y algo impulsivo. A partir de los catorce años empezó a mostrase más irritable y desobediente en casa, con algunas conductas rebeldes pero consiguió aprobar la enseñanza secundaria y la situación mejoró mucho en verano, cuando volvió a su carácter afectuoso. Durante las navidades siguientes se produjo un altercado grave en casa: M. A. se mostró irritable y agresivo con sus padres, gritando que no le entendían y que le trataban peor que a sus hermanos. En el colegio, la situación se fue haciendo cada vez más difícil, y empezó a faltar a clases con frecuencia, mostrando desdén hacia los profesores y actitudes arrogantes, juntándose con compañías peligrosas y empezando a consumir porros.

Esta había sido la causa de la consulta, donde se mostraba poco motivado por los estudios, aunque aseguraba que iba a superarlos. Atribuía su irritación a la presión de sus padres, que lo exageraban todo. Sentía desánimo y cierto cansancio psicológico, y no se planteaba ilusiones o deseos para el futuro. En realidad, al explorarlo más profundamente se detectaba una íntima desesperanza ante la vida, junto a cierto sentimiento de culpa por estar decepcionando a sus padres adoptivos.

Tras varias sesiones de terapia individual y familiar se desveló que M. A. tenía serias dificultades para seguir el ritmo del curso, tanto para entender como para mantener un ritmo de estudio de las asignaturas. Se sentía inferior a los demás y avergonzado, y lo disimulaba con sus actitudes de no importarle nada.

Nos planteamos la idea de seguir con el bachillerato, buscando un módulo de formación profesional de técnico de sistemas eléctricos que eligió el mismo.

Al cabo de varios meses en el módulo había vuelto a su carácter afectuoso en la familia, se encontraba cómodo y motivado con las clases y había abandonado las compañías relacionadas con la droga. Se descartó el diagnostico inicial de trastorno de la personalidad.

Vivimos en una cultura cuyo relato está construido sobre metas y objetivos. Y lo más grave es que están erróneamente planteados. El bachillerato es, en esencia, solo un periodo puente para entrar en los estudios universitarios. Si no es para ello, hoy no tiene sentido.

Pues bien, en el imaginario colectivo de los progenitores, la cuestión se ha convertido en que si tu hijo no termina el bachillerato van a tomarlo por tonto. Hay padres que «compran» el bachillerato en colegios que lo regalan, y también hay otros que se sacan el bachillerato junto a sus hijos, haciendo los deberes y los trabajos a diario con ellos, y poniendo tanto la voluntad como el conocimiento.

Este es el ejemplo del bachillerato como una meta, no como un camino a la universidad. Muy bien, ¿y luego qué?

También los estudios universitarios pueden convertirse en una meta en sí mismos. Decenas de pacientes con trastornos de la conducta alimentaria que han pasado por nuestras unidades en los últimos años han completado una carrera. Y ahí se acabó la historia. Llegaron a la supuesta meta que se habían, o les habían marcado, y una vez en ella no tenían ni idea de qué hacer. Habían sabido estudiar para sacar una buena nota, pero no habían crecido en el camino para poder ser autónomos y enfrentarse a la vida adulta.

Vamos a contraponer los términos «meta» y «proceso». El primero es un concepto estático. Cuando alguien estudia para conseguir la meta de finalizar la carrera se encuentra que al llegar al final no sabe para qué la perseguía. Esto significa en gran medida que la persona en cuestión no se la había marcado estrictamente la meta, que puede ser más bien la de sus padres, su familia o su entorno cultural.

El proceso, por el contrario, es algo dinámico y vivo. Alguien estudia una carrera no con el objetivo de lograr la orla de licenciado, sino para ejercer una profesión (economista, médico, periodista). Durante el camino se dedicará a estudiar semana tras semana, sin mirar a ninguna meta, y al final se encontrará con que ha terminado la carrera. Y eso no es el final, sino el principio. Comenzará a ser periodista, médico o economista. En el caso de estudiar para la meta sucede todo lo contrario. Estudiará sin vivir esos años universitarios, pensando tan solo en conseguir la meta. Y esta es el final, luego no sabrá qué hacer, tendrá miedo o no se sentirá preparado para empezar a ser algo.

En los últimos años recibo a muchos estudiantes preocupados porque no han obtenido un 9,5 o un 10 en el examen de Psiquiatría. Son alumnos que quieren tener la máxima nota en todo. Hasta cierto punto esto sería normal, pues muchos hemos querido eso mismo. El problema es que no quieren, sino que necesitan tener la máxima nota.

Este es el problema de la idea de meta en nuestra cultura. Que algunos sienten que necesitan llegar a ella, porque de otra forma se desmoronan como personas. Y en segundo lugar, que muchos la ven tan lejos, difícil de alcanzar y trabajosa, que deciden bajarse del carro. Las metas son demasiado a largo plazo.

«Hijo, lo que necesitas es ponerte unas metas y unos objetivos». Un mal consejo. Primero, porque uno no se saca unas metas de la manga, alguien tiene que haberlas puesto allí. Y, segundo, porque su consecución no va a darle un bienestar duradero ni mucho menos un estado de felicidad.

No debemos tener metas individuales a largo plazo, salvo la de llegar preparado a la aceptación del momento de la muerte. Pensarán que ya se me ha ido la cabeza. Pero de verdad que no, esto está pensado.

Cuando una persona estudia Medicina, no debe tener una meta, aunque se nos escape ese término en el lenguaje cotidiano. Lo que debe tener una mente sana es el deseo de ser médico. Las metas serán como mucho diarias o incluso volantes, como existen en el ciclismo, donde están colocadas en los trayectos intermedios de una etapa: aprobar una asignatura, llegar limpios a las vacaciones o poder hacer un intercambio Erasmus. Tras varios años de ir superando metas diarias y volantes, nos encontraremos con el final de esta etapa, de la carrera universitaria. Que será simplemente eso, no una meta final.

Y luego vendrán nuevos caminos que necesitarán que siga el impulso. Por eso, una persona mentalmente sana no estudiaría una carrera para tan solo conseguir la meta de completarla, para probar que puede lograrlo, o para demostrárselo a sí mismo. Si, de todas formas, llegara a la meta, no sabría qué hacer luego y probablemente se bloquearía. Aunque lo más probable es que no la alcanzara. Porque las personas que completan una carrera, un proyecto o un curso solo para demostrárselo a sí mismos o a los demás suelen hacerlo desde la inseguridad y la incapacidad para seguir caminos propios.

La única fuerza motriz que aguantará todas las dificultades del camino, y todas las dudas internas sobre las propias capacidades que pueden surgir a lo largo del proceso, será el deseo consistente de ser médico, dibujante, atleta o integrador social. No el anhelo de tener un título en la pared o un trofeo en la vitrina. La carrera, como la vida misma, no es una meta, sino un proceso.

A veces les decimos a los chicos: «Debes tener una meta en la vida». Esto es lo mismo que aconsejarles que tienen que saber lo que quieren ser. Bueno, pues esto es una contradicción, porque nadie sabe lo que quiere ser de mayor, incluso aunque lo crea. La vida da muchas vueltas y presenta muchas opciones a lo largo de los años que pueden hacernos cambiar de idea. Y es bueno que estemos preparados para ello; nuestra rigidez e incapacidad para cambiar lo que parecía que teníamos claro desde el principio no debe impedirnos verlo. Esta es una de las causas más frecuentes de trastornos mentales de tipo depresivo entre la juventud.

Si queremos hablar desde la salud mental, no diremos que una persona sabe lo que «quiere» ser, sino que sabe lo que «desea» ser. El deseo es dinámico y flexible, no produce bloqueos y nos permite avanzar para ir al encuentro de lo que somos y seremos en cada momento. Una persona no se convierte en médico el día que obtiene el título, sino cada día que está ejerciendo la medicina y viviendo como tal. Si no es así, podremos decir que socialmente es médico, pero no psicológicamente: solo tiene el título de médico. Ser médico es existir como tal. Valga este ejemplo para el resto de las profesiones.

¿Y esto es importante para la salud mental? La respuesta es que su valor es máximo, sobre todo en los años de la adolescencia y de la juventud, cuando la identidad personal se está afianzando. En esos momentos, los jóvenes necesitan unos guías o referentes para moverse. Los buscarán dentro de sí mismos, pero lo cierto es que los habrán incorporado, sin saberlo, de alguna otra persona. Y lo que pueden encontrar serán tres posibilidades:

1. Meta. Hay que conseguir una determinada: tener un trabajo fijo, ser universitario, convertirse en notario, llegar a ser rico. Esto suele depender casi siempre de lo que han incorporado de los padres. Lo más probable es que estas personas tropiecen por el camino y no se levanten, es decir, no llegarán a la meta. Se sentirán rabiosos por haber tenido que perseguir una meta que no deseaban en realidad y, a la vez, fracasados porque tampoco tuvieron la oportunidad de generar otros deseos o metas propias. Algunos llegarán al final, pero es probable que en ese momento se queden bloqueados vitalmente porque aparezcan los trastornos mentales, la depresión o el trastorno de la personalidad.
2. Objetivos. Hay que planteárselos y cumplirlos. Debemos ser constantes. La única diferencia con el punto anterior es que en el objetivo no se define cuál es la meta, pero sigue siéndolo. El problema en este caso es que el joven no sabe qué objetivos plantearse. Cualquiera que se marque estará falto de ilusión. Lo más probable es que no

sea constante en los primeros objetivos y luego empiece a dar tumbos vitales. Esto suele tener relación con que no han podido incorporar de los padres la sensación de que son valiosos y pueden aspirar a cosas. También es probable que se queden dando bandazos vitales y que se refugien en la evasión que producen drogas como el cannabis.

3. Deseos. «No hay que» ninguna cosa. No es un deber. «Quiero ser mecánico». Para ello habrá que completar un grado medio o superior, pasar por unos momentos de estudio y prácticas. Pero si el deseo es consistente, se superarán los momentos de esfuerzo, dudas y cansancio. Y cuando se acaben los estudios seguirá queriendo ser mecánico. Porque el deseo se renueva cada día, es una energía. El deseo no tiene metas, sino una finalidad.

También existen los falsos deseos o deseos inconsistentes; en realidad son más bien impulsos que deseos, acuden súbitamente en respuesta a algún estímulo externo, pero duran poco. Además, se puede hablar de los deseos que en realidad son fantasías. Estas son ideales que el joven entiende en su interior que no puede conseguir. Si se proponen como deseo vital, se acabará también por no crecer.

La diferencia entre un objetivo o meta y la finalidad es fundamental. El primero es algo estático y fijo. Una vez conseguido, nos quedamos sin él. Y si no se alcanza, nos convertimos en fracasados. Sin embargo, la finalidad no es un punto en el destino, sino un rumbo. Nos sentimos vivos y como sujetos de la vida mientras seguimos el rumbo y esto es así porque continuamos queriéndolo. Nunca se llega a ninguna meta final. Siempre se quiere ser un buen mecánico o un buen médico. Y si algún día tenemos otro deseo más fuerte, podemos cambiar de rumbo.

Los objetivos y las metas fijas son un peligro para la salud mental, mientras que la finalidad es un factor protector de la misma.

Orientando la mirada. Mirando hacia delante

> *Siempre me preguntaba, desde pequeño, por qué los sumos maestros de artes marciales eran ciegos. El del personaje que interpretaba David Carradine en la serie* Kung Fu, *de los años setenta, era ciego y tenía los ojos blancos. Años más tarde, en la película* Kill Bill, *el*

> *supermaestro que entrena al personaje interpretado por Uma Thurman también era ciego. No entendía cómo se podía pelear sin ver al contrario. Suponía que eran recursos cinematográficos para darle más espectacularidad a la película. Pero, con el paso de los años y la experiencia, he ido confirmando que una persona no se guía por lo que ve, sino por lo que mira. Aunque, incluso así, sigo sin entender del todo cómo pelean estos maestros ciegos, y continúo sospechando que no son del todo ciegos, sino que se lo hacen.*

Recordemos otra vez que mirar no es lo mismo que ver, que es un fenómeno pasivo, de hecho. Los estímulos entran en nuestros ojos y van al lóbulo occipital del cerebro. Nada depende de nosotros. Lo único que podemos hacer es seleccionarlos y quedarnos con los que nos interesen.

Pero mirar sí que es un fenómeno activo, pues dirigimos nuestra mirada con intención. Algo nos lleva a hacerlo, a indagar. Y muchas veces ni siquiera nosotros mismos sabemos lo que es. Cuando una persona observa algo, percibe muchas más cosas que cuando ve sin mirar activamente. Y dependiendo de la intención que tengamos, es probable que captemos aspectos distintos de las cosas y de las personas.

Dicho esto, se supone que, para andar por la vida, una persona tiene que mirar hacia delante. Y nos hemos preguntado: ¿por qué?

Lo haremos al revés de lo habitual y empezaremos por la respuesta correcta en lugar de exponer primero las posibles opciones. La respuesta es: «Para no tropezar». Nada más que eso.

Solo podemos vivir en el presente y únicamente necesitamos la mirada para ver qué se nos viene encima cuando avanzamos. Es decir, mirando hacia delante no solo evitamos los obstáculos del camino, sino también nos topamos con cosas o personas que no son ningún impedimento y que pueden pasar a formar parte de nuestra vida. Y los encontramos cuando están cerca de nosotros, a nuestra vista.

Esto no tiene nada que ver con el típico «hay que mirar hacia el futuro». La frase puede ser válida para los investigadores, pero no es buena para la salud mental de las personas. El futuro no existe, no puede verse. Como mucho, puede intuirse cómo serán las cosas dentro de unos años. Pero no debe concebirse como una meta a la que llegar. Si miramos hacia el futuro, no estamos observando el presente, así que nos tropezaremos con obstáculos y nos desanimaremos. Además, nos cruzaremos con cosas y personas posiblemente importantes para nuestra vida a las que no veremos. Nos perderemos, en definitiva, el camino de la vida por llegar al futuro, y seguro que arribaremos deprimidos y solos.

Mirar hacia delante se puede hacer con una mirada corta o con otra larga (como las luces de los coches). Con la primera vamos evitando tropezar, pero solemos ir inseguros. Esto resulta muy parecido a caminar sobre un alambre: hay que ir mirando al frente, no a los pies. Las personas que hacen esto último, o sea que solo prestan atención a los posibles peligros para no tropezar, tienen inseguridad y ansiedad. Y esto es porque la mirada corta nos asegura no tropezar con las piedras del camino, pero puede que no veamos acercarse un camión a toda velocidad. Por ello, cuanto más corta se vuelve la mirada para asegurarnos de que no vamos a tropezar, más inseguro se siente nuestro ser porque está indefenso ante amenazas mayores. Además, las personas que van con la mirada muy corta no verán tampoco las oportunidades que encierran las cosas y las personas con las que se van cruzando. Porque de hecho no las miran, solo aparecen ante ellos como posibles obstáculos que les harán tropezar. En definitiva, tenderán a evitar muchas cosas y a perderse un gran número de oportunidades. Y tenderán a la ansiedad y al sentimiento de frustración.

Mirar hacia delante con la luz larga nos permite ver lo que se va acercando (no el futuro, insisto) en el presente. Y podemos intuir si esto se corresponde o no con nuestras afinidades y deseos. Vamos mentalizándolo, como decimos los psiquiatras. Vamos metiéndolo en nuestra mente e interpretándolo. Y cuando lo tenemos muy cerca, entonces ponemos la luz corta y nos centramos en mirar lo que nos hemos encontrado. Y tal vez esto sea muy interesante y lo incorporemos a nuestra vida.

Por supuesto, no hay que perder del todo la mirada corta, tampoco se trata de caernos en un agujero y quedarnos sin coche. Debemos reconocer primero el terreno por el que andamos y el entorno que nos rodea. Pero no debemos estar continuamente vigilándolo y comprobándolo, porque entonces no viviremos de manera sana.

Dejemos claro, por tanto, que mirar hacia delante con las luces cortas y largas alternándose es una forma mentalmente sana de crecer. Caminar solo con la mirada corta no es tan sano y puede acabar en ansiedad, irritabilidad y un sentimiento de frustración. Y hacerlo en exclusiva con la mirada larga, puede ser también insano porque tal vez nos lleve a conductas impulsivas, falta de planificación y tropezones peligrosos.

También debe quedar claro que mirar hacia delante no implica hacerlo al futuro. Podemos imaginárnoslo, pero no es posible mirarlo. Solo podemos hacer esto con el presente, aunque venga de lejos. Mirar al futuro buscando un ideal inexistente que nos guíe, sin activar la mirada del presente, probablemente nos deje bloqueados en el camino, sin andar. Y eso resulta grave para la salud mental.

Pero vayamos al órdago: ¿y por qué se supone que hay que mirar hacia delante y no hacia atrás?

Algunos pueden argumentar que mirando hacia atrás se ven los errores cometidos en la vida y se va más seguro. El problema es que no se puede mirar en dos direcciones al mismo tiempo. Si nos orientamos hacia el pasado, no podemos mirar al presente. No podemos seguir andando si estamos con la vista puesta atrás. O, mejor dicho, sí que podemos pero no veremos lo que se nos viene encima, de manera que estaremos asustados y no avanzaremos.

Esto es lo que les pasa a aquellas personas que se han quedado atrapadas en alguna desgracia del pasado, una pérdida, un trauma o a veces incluso un error cometido. Miran hacia atrás con la ilusión inconsciente de que podrían desandar el camino y evitar el acontecimiento doloroso. Pero eso resulta imposible.

El pasado no se puede borrar, pero sí digerir, que es el equivalente a superarlo. Las personas que viven mirando hacia el pasado necesitan ayuda terapéutica para llevar a cabo la digestión psicológica de los acontecimientos no superados. A veces hay que dejar de andar una temporada y otras esto se puede hacer al mismo tiempo que se sigue caminando despacio hacia delante, con pequeñas paradas para explorar el pasado, aunque siempre con el deseo final de poder mirar hacia delante y vivir el presente. Pero una persona con la mirada puesta en el pasado no debe seguir andando, porque esta manera de caminar sin ver, mirar y crecer la llevará a la depresión con seguridad.

Otros van mirando hacia atrás sin darse cuenta de que lo están haciendo. Parece que siguen hacia delante, pero el hecho es que no avanzan, ni crecen psicológicamente ni tampoco maduran. Estas personas están atrapadas en problemas que no son propios de su edad, en discusiones con sus padres sobre aspectos como la comida, los horarios de llegada, la forma de vestir y algunas más que corresponderían a épocas de la infancia o adolescencia, pero no a las preocupaciones de una persona más madura. Algunas puede parecer que incluso tienen objetivos a largo plazo y que pueden terminar una carrera universitaria. Pero eso no les valdrá de mucho, porque su orientación sigue siendo hacia atrás, en dirección a la infancia familiar, y no podrán entrar en el mundo de los adultos. Son las mismas personas de las que decíamos antes que pueden terminar unos estudios, pero luego se ven bloqueados para ejercer su carrera. No olvidemos que estudiar no implica que una persona esté madura para la vida adulta. Al fin y al cabo, para muchos es solo una continuación del colegio y una forma de demostrar a los padres que tienen buenas notas y son válidos.

Estas personas que parecen andar hacia delante pero van mirando atrás son siempre excesivamente dependientes de otros, o de los padres o de alguna pareja, incluso aunque estén enfadados con ellos. Esta subordinación radical se explica porque van andando sin mirar hacia delante, por lo que necesitan estar sujetos por alguien.

Hay que evitar esta situación, porque da lugar a trastornos de la personalidad y al deterioro de la salud mental, tanto para las propias personas como para los que las rodean. A veces son los mismos padres los que con su sobreprotección han propiciado la búsqueda continua del refugio familiar y el miedo a mirar hacia delante. Pero hay otros factores biológicos y psicológicos que pueden influir en esta tendencia a seguir mirando hacia atrás. En todo caso, conviene darse cuenta de ello e intentar ponerle remedio cuanto antes.

Evitando los prejuicios

Decía Goethe en la Alemania del siglo XVIII que si a una persona la valoramos por lo que es, ya no podrá ser nada más. Pero si la valoramos por lo que puede ser, puede que no deje nunca de sorprendernos. No vamos a decir que esta reflexión fuera exclusiva de él, pero me vale para ilustrar la idea. Hay muchos ejemplos de esto en la literatura del siglo XIX y del siglo XX, tanto en Dostoievski como en Zola o en Pío Baroja, por nombrar a autores que reflejan de manera cruda en sus personajes el maligno fenómeno del prejuicio.

El término «maligno» lo he puesto yo, no los autores citados. Ellos solo se dedicaron a contar historias marcadas por los prejuicios de las personas y a mostrar con ellas que esto constituye un fenómeno habitual e instaurado en nuestras culturas como algo normal.

El prejuicio consiste en hacer un juicio de valor de alguien cuando aún no se le conoce en persona, basándose en intuiciones o en comentarios de otros y no en lo que sabemos de él por el trato directo.

Los prejuicios dan lugar a fenómenos sociales muy conocidos, como la segregación por clases, por etnias o por nacionalidades, y pueden llegar a convertirse en letales si se les estimula venenosamente, como han hecho los gobernantes a lo largo de toda la historia, para instigar el odio de unas personas contra otras.

Por ello, el prejuicio es de manera absoluta un factor de deterioro de la salud mental de las personas y de los colectivos. Siempre se emite desde el temor o desde la irritación, por lo que nunca lleva asociados sentimientos positivos y de paz, y tiene dos componentes: uno de seguridad y otro de superioridad.

E. tenía veinticinco años, había estudiado Economía, vivía con sus padres y trabajaba en un banco. Y se había enamorado en el último año de un joven de veintiocho años, también economista, con quien estaba empezando a salir. Ella provenía de una familia modesta, mientras que él pertenecía a una familia de la élite económica de la ciudad. E. había tenido otros dos novios con anterioridad, cuyas relaciones fueron estables pero se diluyeron tranquilamente por acuerdo mutuo.

Ante la noticia, sus padres no reaccionaron con alegría. Pensaban que cometía un error grave que iba a causarle mucho daño. De hecho, creían que el chico iba a aprovecharse de ella y luego la dejaría tirada, porque nunca se casaría con ella. Así le insistieron, incluso la intimidaron, para que rompiera la relación. La denigraban y la llamaban ingenua y casi estúpida. A todo esto, aún no conocían al chico.

Aunque este es un caso real, podríamos darle la vuelta. Lo hemos visto en muchas películas: los padres de clase alta no quieren permitir que su hijo se empareje con alguien de otro nivel social más bajo. Aunque hay que tener en cuenta que en esta situación, además de los prejuicios, intervendrían otros factores de índole social.

Los padres de E. tenían prejuicios de que el chico, por el hecho de ser de clase alta, iba a disfrutar con su hija y luego la abandonaría. Como decía Goethe en nuestra mención del principio, lo valoraban por lo que era, un jovencito de clase adinerada, y con eso ya estaba todo sabido: estos personajes acaban casándose con chicas de la clase alta.

Es posible que al final tengan razón, pero también puede que no sea así. Emitir un juicio antes de conocer a la persona con todas sus posibilidades impide ver y sentir las necesidades, los anhelos, la bondad o el carácter. Es posible que este chico en concreto aborrezca las convenciones sociales de la clase alta y esté encantado de casarse con E., incluso para dar un cierto ejemplo. O tal vez tenga unas necesidades de estima profunda que solo las encuentra recompensadas en E. ¡A saber! Hay muchos aspectos en las personas que necesitan mirarse activamente antes de emitir un juicio que puede hacer mucho daño. Y esto necesita tiempo, tanto por parte de los padres de E. como por ella misma.

Los padres actuaban con buena intención, pero estaban haciendo daño y deteriorando la salud mental de su hija, además de la suya propia. Se comportaban así por temor al sufrimiento de su hija, pero también lo hacían por rabia contra su hija, por eso la devaluaban y la insultaban. Y este sentimiento se apoyaba en el propio prejuicio sobre su hija. Porque consideraban que su amor era una idealización ingenua, súbita. Y esto, aunque por lo general no lo llamemos así, puede ser también un «pre-juicio».

Podemos tener un prejuicio negativo al llegar a un nuevo trabajo, donde hay una jefa de la que alguien nos ha hablado mal. Esto nos pondrá a la defensiva y veremos mala intención donde tal vez no la hay. Y a lo peor acabamos teniendo una mala relación con la jefa por culpa de nuestro prejuicio.

Sin embargo, también podemos tener un prejuicio idealizado y positivo con respecto a una jefa de la que nos han hablado maravillas. Y podemos ver gestos ideales donde solo hay normalidad; esto tal vez nos lleve a unas expectativas que luego nos defraudarán y nos harán sentirnos desilusionados por el trabajo.

Es decir, en ambos casos acabará afectando negativamente a nuestra salud mental.

Para evitar los prejuicios se necesita tiempo antes de juzgar, una mirada bien abierta y una buena disposición. Eso nos permitirá, como decía Goethe, ver a la persona por lo que puede llegar a ser en su relación con nosotros. Si no existe un juicio previo evitaremos estar a la defensiva, con ansiedad y suspicacia, y tampoco podremos sentirnos defraudados y caer en la desilusión y la depresión.

El comentario de Goethe es importante para la salud mental porque menciona sin hacerlo el problema que implica tener una imagen fija, como una foto, de las personas. Esta nos evoca unos sentimientos y unos juicios, que provienen de nuestro propio interior y no de los valores de quienes juzgamos. Si nos acercamos a las personas en función de su imagen, viviremos con prejuicios, calificaremos al personaje y estaremos ciegos a los mensajes de quienes tenemos delante.

De la misma manera, si nos miramos a nosotros mismos y nos vemos como una imagen fija, una persona inepta, inconstante, insegura o rota por el pasado, perderemos la ilusión de cambiar y de mejorar. Porque estaremos haciendo un juicio de nosotros mismos que en realidad es un prejuicio, dado que todavía no nos hemos dado tiempo para conocer cómo podemos y sabemos movernos. Pero el mismo prejuicio nos impedirá ver lo bueno y válido que hay en nosotros mismos.

Evitando la comparación

La comparación debe de ser una de las condenas que Dios impuso a Adán y a Eva al expulsarles del Edén, aunque no lo ponga así en la Biblia. La mayor parte de los males del mundo han venido por la comparación. Caín mató a Abel al compararse con él. Los reinos medievales guerreaban entre sí porque los reyes se comparaban entre sí y no se conformaban con las muchas riquezas que tenían. Las naciones modernas fueron a las guerras de exterminio del siglo xx porque sus ciudadanos se comparaban con los de otras naciones en su imaginación (porque no se conocían entre sí). Los asesinos más malvados de la historia estaban consumidos por el resentimiento de la comparación con los otros. Las conductas más ruines, las envidias más incomprensibles y hasta el mismo *bullying* o acoso escolar tienen como base la comparación.

Aunque también pueden decirse que de ella han salido cosas buenas. Los mecenas del Renacimiento financiaban a los artistas más por comparación con los otros magnates que por amor al arte. Los norteamericanos invirtieron en el viaje a la Luna porque no podían soportar que los soviéticos fueran por delante de ellos en la carrera espacial.

Es decir, la comparación tiene un aspecto negativo de destrucción del otro, pero también puede tener un rasgo positivo de aprendizaje.

Lo cierto es que la comparación es inevitable en el ser humano por el mero hecho de que tiene consciencia. El psiquiatra y psicoanalista Jacques Lacan describía cómo en la fase del espejo, alrededor del primer año de vida, nos descubrimos a nosotros mismos al vernos reflejados en los demás. Sabemos por primera vez qué y cómo somos porque nos vemos en el espejo de los otros.

Pero, con el paso de los meses, el niño que está creciendo aprende también que el otro no es solo como yo, sino que también tiene distintas cualidades a las mías, lo que entendemos por el fenómeno de la comparación.

Y más adelante, aprende que el otro, además de un espejo en el que mirarse y una imagen con la que compararse, es más cosas para él. Es un ser con el que se puede jugar, y posteriormente alguien al que se puede controlar, poseer o expulsar de nuestro lado. Más adelante, entiende que el otro es también un ser con el que debe compartir el espacio, pero también con el que tiene que competir por las cosas y por el cariño de las demás personas.

De esta forma vemos que la comparación no es intrínsecamente mala para la salud mental. Las personas mentalmente sanas se comparan con los demás e intentan captar aquello que pueda valerles para mejorar, como una forma de aprendizaje. O también se comparan y captan los aspectos del otro con los que pueden compensarse o establecer un juego.

Pero existe una de carácter maligno que llamamos «comparación identitaria», en la que este proceso produce en la persona inseguridad y miedo cuando ve en el otro todo lo que ansía y se considera incapaz de alcanzarlo.

R. M. era un joven de veinte años, estudiante de Magisterio y enamorado del fútbol, al igual que toda su familia, en especial su padre, que era directivo de un club profesional. Siempre había querido jugar al fútbol y demostrar su valía, porque tenía mucho talento, aunque en los partidos de juveniles mostraba cierta falta de confianza. Al cumplir los dieciocho recibió ofertas de algunos clubes de la ciudad a la que iba a estudiar. Se presentaba con su currículo de juvenil y las mediaciones de su padre también influyeron para que los entrenadores de estos equipos le llamaran para hacerle pruebas. Pero con el paso del tiempo no parecía asentarse en ninguno de los equipos a los que se incorporaba. En la mayoría de ellos duró apenas un mes, y siempre se justificaba ante su familia por errores o deficiencias del propio club o de los entrenadores. A lo largo de dos años estuvo yendo de equipo en equipo sin conseguir consolidarse en ninguno.

Ante lo extraño de la situación, su padre se puso en contacto con un entrenador a quien conocía, quien le contó que lo que pasaba con R. M. es que, cuando le llamaban, no se presentaba a las pruebas. Finalmente, el joven confesó que había estado entrenando un mes con el primer equipo al que se incorporó, pero cuando le convocaron para jugar un partido como titular no se presentó. Lo mismo le ocurrió en el siguiente equipo y, tras ello, concertaba pruebas con otros clubes, pero no llegaba a presen-

tarse a ellas. La ansiedad que sentía ante estas o ante los partidos le impedía acudir y, para esconder la vergüenza que sentía ante su padre, contaba excusas cada vez más increíbles. El relato de los hechos liberó su angustia y su sentimiento de frustración y desánimo, por lo que acudió a la consulta.

A lo largo de la terapia se desveló que el problema de fondo que provocaba la ansiedad paralizante de R. M. no era la excesiva exigencia de su padre, quien de hecho le invitaba a que dejara el fútbol y se dedicara en exclusiva a los estudios, o de su entorno, sino la comparación. A pesar de tener habilidades de sobra para el fútbol, al acudir a los entrenamientos tenía la impresión de que los otros eran muy buenos y acababa bloqueándose. En el fondo de sí mismo, lo más importante no era disfrutar jugando al fútbol, sino demostrar que podía ser uno de los mejores. Como él decía, «quería demostrármelo a mí mismo». Pero también deseaba probárselo a su padre.

El germen de la comparación maligna es el problema de la autoimagen y de la imagen de los demás. R. M. necesitaba desesperadamente sentir que era muy bueno jugando al fútbol, pero él mismo no se lo creía. Y, al competir con otros jugadores de calidad, la comparación maligna le hacía sentir el pánico de un posible fracaso y se iba. Pero seguía intentándolo porque sabía en el fondo que era un buen jugador de fútbol y necesitaba que los otros también le creyeran. Pero, en el espejo de los demás jugadores, todos le parecían buenísimos y le hacían sentirse inferior y condenado al fracaso.

Este tipo de comparación ocurre cuando la identidad de la persona es inconsistente y se considera inservible al compararse con los que poseen algún don que ellas desean. La comparación maligna es un acto cognitivamente erróneo, y a menudo no es cierto que la persona que sale malparada en el paralelismo tenga menos cualidades que la otra. Quienes se quedan bloqueados y frustrados a menudo tienen mejores cualidades que el objeto de comparación. Es la actitud ante la comparación lo que la convierte en maligna. En este tipo en concreto, la persona tiene una actitud muy positiva hacia el otro y lo idealiza, y una muy negativa hacia sí mismo y se devalúa.

Los psiquiatras solemos ver la comparación maligna como un problema de narcisismo invertido. Esto significa que, como en el mito de Narciso (a quien no le bastaba con ser bello, sino que necesitaba sentirse especialmente hermoso), la persona no desea ser buena en algo, sino especial, y por ello se compara todo el tiempo con los demás. Para evitar salir mal parado en ello se retira pensando que no vale nada y por eso parece todo lo contrario a un narcisista. De ahí el nombre de «narcisismo invertido».

> *Un médico prestigioso con todos los títulos imaginables no podía soportar que su supuesto amigo y colega tuviese relación con la Casa Real. Una señora de alcurnia y con gran poder económico vivía amargada porque no podía entrar en un club social muy selecto. Un estudiante de Medicina estaba muy disgustado porque había obtenido una media de 9,5, mientras que otros dos compañeros habían sacado un 10.*

No comparamos nuestras partes buenas con las equivalentes del otro. Vemos un todo perfecto y deseable en los demás y un conjunto aborrecible en nosotros mismos. Esta comparación no nos ayuda a mejorar ni a crecer, sino que nos deteriora. Las personas que hacen esto acaban furiosas consigo mismas y deseando destruir al otro, lo que les envenena la salud mental.

Las personas con mejor salud mental son aquellas que reconocen aquello que tienen y le dan un valor activo y positivo. Esta se asocia a mirarse a uno mismo con cariño y con espíritu de mejora, además de sentirse afortunado por lo que se tiene. A reconocerse limitado pero bello y bueno, y a verlo también en los demás.

Si la salud mental fuera una carrera de atletismo, correríamos por nuestra calle de la pista a nuestro ritmo, sin mirar ni compararnos con la persona que va por la calle de al lado. Tan solo la miraríamos para obtener información valiosa, como la distancia que nos separa o alguna muestra de debilidad del contrario que nos ayudase a ir mejor.

Cultivando el optimismo

El optimismo es también una actitud, un intento activo de serlo. La realidad no es objetiva, porque no se compone simplemente de acontecimientos. Estos pueden observarse desde distintas perspectivas, y eso hace que la realidad parezca cambiante.

> *Un grupo de psiquiatras que nos dirigíamos a un congreso sufrimos un retraso importante en el vuelo que nos llevaba al destino. Por supuesto, a nadie le agrada de entrada esto. Pero, una vez producido y siendo ya inevitable la demora en salir, la mitad de*

los miembros del grupo se pasaron las tres horas de retraso despotricando de la compañía aérea, anticipando que iban a perder ese tiempo de estancia en el congreso, que todos los extranjeros pensarían que éramos unos informales y no aceptarían atrasar sus reuniones, que llegarían sin tiempo para preparar las ponencias y que los españoles apareceríamos como lo hacemos siempre: como unos informales. Una realidad un poco oscura, es cierto.

Pero la otra mitad de los congresistas pensaron que disponían de tres horas en el aeropuerto de Madrid. Algunos llevaban las ponencias preparadas y aprovecharon para irse de compras. Otros se fueron al bar a tomar unas cervezas con los colegas nacionales que nos encontramos en los congresos. Otros más avisaron a las personas con las que tenían reuniones tempranas en el congreso para intentar retrasarlas, con una respuesta por lo general amable de la otra parte, aunque fueran anglonórdicos. Ciertas personas iban apurados con la preparación de sus ponencias y aprovecharon el retraso para terminarlas o mejorarlas.

Quiero transmitir con esto que la actitud cambia mucho la visión de la realidad. No transforma el acontecimiento, pero sí las repercusiones reales del mismo. El sujeto optimista del avión pensó que el psiquiatra nórdico iba a comprender el retraso, iba a compadecerse de él y a cambiar su reunión. Y por eso le llamó y le propuso un cambio. El pesimista, o cenizo, pensó que había perdido su buena imagen ante el sueco, y tan solo le envió un mensaje compungido y triste de que no llegaría a tiempo y no podría haber reunión.

El optimista aprovechó el tiempo en compras, en cervezas y risas con los amigos, en mejorar su ponencia; en definitiva, en cuidar su ser personal y por tanto su salud mental. El pesimista fue corroyéndose con el resentimiento contra la compañía aérea, con la culpa de no haber salido un día antes, como pensó en su momento, y hasta con el rencor hacia los compañeros optimistas que se comportaban, según él (o ella) como irresponsables y desinformados. Su ánimo se volvió agrio, su mundo de relaciones se estrechó, su autoestima se encogió y, en definitiva, su salud mental se resintió.

Las personas tenemos distintas maneras de interpretar las situaciones, los acontecimientos o las noticias. Es lo que denominamos «estilos cognitivos» y cada uno tiende a tener el suyo propio. Algunas personas suelen fijarse más en los aspectos negativos y perjudiciales y generalizar a partir de ellos, ya sea de una noticia, de un cambio de tiempo o del retraso en la sala de espera del médico. Una de ellas podría quizá anular un viaje ante la posibilidad de que llueva. Otras personas tienen más sensibilidad por los aspectos positivos de las situaciones y tienden a la aventura con la esperanza de que al final no llueva. Ante la noticia de una catástrofe natural, algunas personas sentirán lo peligroso que es el mundo y los riesgos que corremos mientras que otras pensarán en primer lugar la suerte que tienen de que no haya pasado en su casa.

En todos los casos, la interpretación es verdadera, porque la realidad tiene diferentes facetas y todas ellas son válidas. Lo importante para nosotros es que lo que va a influir en nuestra salud mental no son los acontecimientos en sí, sino la faceta de esa realidad que veamos, que a su vez va a determinar la actitud que tomamos ante el acontecimiento.

Las personas mentalmente más sanas reaccionan a los acontecimientos imprevistos de manera más tranquila, con mejor humor y, en definitiva, con menos estrés, y en gran medida esto se debe a que saben mirar los aspectos positivos y dejan a un lado los negativos. A esto se le llama «actitud positiva» u «optimismo». Y tiene su lógica natural, porque plantearse los aspectos negativos de una situación, salvo que sea peligrosa y necesitemos protegernos, no tiene ninguna eficacia adaptativa.

El optimismo tiene una parte biológica, como todo en la mente, pero es una actitud que se puede ejercitar y que se puede aprender con el hábito. A algunos les costará menos porque lo llevan de serie, pero todo lo que mejoremos en ello repercutirá en una mejor salud mental. Ser optimista no implica ser un histriónico superficial y negar la realidad como si no existiera. Significa más bien aceptar que las cosas son como son, que muchas veces no se pueden cambiar y que hay que buscar vías de adaptación que aumenten nuestro bienestar y nos permitan seguir creciendo.

Al ser una actitud, y no solo una forma de ver las cosas, el optimismo en sí puede hacer a menudo que las cosas mejoren y cambien. Porque esta actitud permite hacer planes e intentos de cambiar las cosas, mientras que el pesimismo es estéril. El optimismo es oportunidad, en contraste con la pura queja que es su opuesto, por mucho que a veces los pesimistas se definan como realistas bien informados. Por nuestra salud mental, debemos mantener a los pesimistas a una distancia prudencial.

El optimismo tampoco debe confundirse con la ingenuidad, al igual que apuntamos en el apartado de la confianza. La inteligencia normal es capaz de distinguir lo que es absolutamente imposible y no permite ver aspectos positivos donde no los hay. Solo mediante el autoengaño puede alguien mantenerse en una especie de optimismo ingenuo, y esto puede ocurrir cuando las personas están desesperadas. Esto ocurre, por ejemplo, en el caso de los ludópatas que han perdido todo lo que tenían y están cargados de deudas; aun así, creen ver en cualquier detalle irrelevante que esta será su noche de suerte en la que recuperarán todo lo perdido.

Aspirando a mejorar

Cuando empecé a ser psiquiatra comencé también a entusiasmarme por las hormigas. Muchos de mis pacientes me habrán oído hablar de ellas y utilizarlas como ejemplo. En el verano las veía marchar todas en fila, cada una cargada con alguna miga de pan o una cáscara de pipa de girasol, de camino hacia el hormiguero. Observé que luego salían de allí sin la carga y al poco (si no las había pisoteado alguno de mis hijos) ya habían recogido alguna otra cáscara, a veces más grande que ellas mismas, y marchaban de vuelta a su hogar.

Intenté atisbar si había alguna hormiga vaga, que intentaba escaquearse y quedarse descansando por ahí escondida. Y la verdad es que no conseguí ver ninguna.

Tal vez los especialistas en el tema puedan decirme que existe algún subtipo de hormigas escaqueadoras, pero yo no he conseguido ver ninguna.

Como psiquiatra que soy, intenté comparar la mente de las hormigas con la de los humanos. Yo siempre había pensado que nuestro afán por mejorar era una cuestión ética o espiritual. Creía que los hombres teníamos una dimensión trascendental, que iba más allá de cada individuo, y que nos hacía intentar siempre ser mejores, salvo a aquellos que carecían de sentido de la ética. Debo aclarar que con ello me estoy refiriendo a ser mejores personas en un sentido integral, no a convertirse en los más exitosos y ricos del país.

Pero me resultó difícil aplicar la teoría de la ética a las hormigas. Como creyente, me costaba mucho entender que Dios les hubiera otorgado a las hormigas un sentido ético. Y, como científico, me resultaba imposible entender la existencia de un impulso ético o espiritual en un animalito que no parece tener conciencia de sí mismo ni de su propia muerte.

Así que las hormigas deben de tener un impulso por hacer las cosas bien que viene de la propia naturaleza animal, un instinto. Y me temo que los humanos también.

Mejorar es realizar las cosas todo lo bien que se pueda. Y hacemos esto en todo momento de nuestra vida, incluso cuando somos viejecitos. Las personas mayores tienen también su papel en el reparto y mejoran psicológicamente, aunque en lo físico no se pueda decir lo mismo. A veces hacemos muchas cosas bien y en otras ocasiones menos, porque los momentos de la vida no son todos iguales. Pero a menudo no se puede hacer más de lo que se hace, porque somos seres limitados, como las hormigas, y no podemos aspirar a más.

Pero los seres humanos tenemos problemas específicos con la cuestión del instinto de mejoría y por ello acabamos estropeándolo. Y podemos vivir las dos caras de la moneda: o ahogamos el impulso de mejoría o queremos estar tan por encima de él que llegamos a desvirtuarlo.

> *F. R. tenía cincuenta y seis años, estaba casado y con tres hijos en la universidad. Había sido directivo de una empresa con un alto nivel económico hasta hacía un año, cuando le despidieron al cambiar la empresa de accionistas mayoritarios, si bien recibió una cuantiosa indemnización que le eximía de tener apuros económicos. A pesar de ello había encontrado otro empleo en una compañía pequeña y su mujer también trabajaba como funcionaria.*
>
> *Desde la salida de la empresa se mostraba más apático y con menos interés por los asuntos habitua-*

les. No le apetecía salir a cenar o a pasear con su esposa, no mostraba mucho interés por los asuntos de los hijos. Manifestaba que ya había hecho todo lo que tenía que hacer en la vida y que ahora solo quería descansar todo lo que pudiera. Todo el tiempo que pasaba en casa lo dedicaba a ver televisión, especialmente programas de deporte, y había dejado incluso de leer el periódico. Llevaba una vida sedentaria y, además, bebía cerveza en cantidades inusuales, por lo que estaba ganando peso de una manera llamativa. Aunque manifestaba no estar preocupado por nada, su ánimo era irritable y áspero, con un matiz de amargura.

Este paciente había estrangulado el instinto de mejoría. El dolor y la decepción producidos por su despido le habían hecho creer que ya no tenía sentido hacer nada más ni mejorar otros aspectos de su vida. En realidad, había sido él mismo el que había depositado todo el sentido de su mejoría personal exclusivamente en el desempeño laboral. Por ello cuando su imagen del trabajo perdió importancia entendió que ya no había nada que mejorar.

Existen dos tipos de personas que entienden equivocadamente el concepto de «mejorar» y que tendrán más problemas con su salud mental debido a ello:

1. Los que entienden «mejorar» como el equivalente a tener una imagen exitosa. Este es el caso de las personas que, a diferencia de las hormigas, creen que nuestro afán por mejorar en la vida debe tener un sentido y unas metas individuales. Es lo que solemos llamar «esforzarse» para «realizarse» en la vida. Estas personas identifican la mejoría con la consecución de logros individuales y con el cumplimiento de una serie de expectativas propias, familiares y sociales. Para ellas implica seguir creciendo en la imagen profesional y social. La mejoría para estas y para otras muchas personas es un camino continuado hacia el éxito. De tal manera que en el lenguaje común los conceptos de mejoría personal y de éxito significan más o menos lo mismo. Y si no hay éxito, entonces aparece el fracaso, o lo uno o lo otro. Y si uno es un fracasado ya no hay lugar para la mejoría. Parece que las hormigas se libraron de tener ego, por eso no tienen problemas con el fracaso ni con el éxito.

Nuestro paciente F. R. no estaba a gusto ni feliz con su actitud de descansar de la necesidad de mejorar. Se hicieron patentes su amargura y su malestar en la falta de alegría y en el consumo desordenado de alcohol, así como en el descuido personal. Podrían atribuirse algunos síntomas a un componente de depresión e incluso prescribirle algún fármaco antidepresivo. Pero el núcleo del problema estaba en que la frustración del ego por su imagen profesional ideal dañada le impedía entender que él también era padre, esposo, amigo y persona con inquietudes hasta ahora no escuchadas, unos aspectos en los que cada día podía y debía (por instinto natural) seguir mejorando. Los humanos nos hemos arrogado el derecho a decidir lo que da sentido a nuestra vida y lo que no. Por eso, F. R. se permitía creer que podía ahogar el instinto de mejoría del resto de su persona, en contra de la propia naturaleza. Pero, al igual que no existen hormigas escaqueadoras en la naturaleza, tampoco hay este tipo entre los humanos. Por eso, la pretensión de ahogar el instinto de mejoría tiene graves consecuencias para la salud mental en forma de deterioro psíquico y físico progresivo.

En otros casos más jóvenes que F. R., el estrangulamiento del instinto de mejoría viene condicionado por una autoimagen muy devaluada. Algunos jóvenes que han sufrido carencias afectivas importantes, traumas infantiles o adolescencias desastrosas guardan en su interior una imagen de fracaso total que les impide entender el afán de mejoría de los demás. Al igual que F. R., entienden que ya no tiene sentido hacer cosas, esforzarse por algo o aspirar a mejorar. No conciben mantener un trabajo, ni empezar una formación ni hacer un proyecto de pareja.

Mi paciente S., de veinte años, tras superar durante un largo tratamiento una infinidad de síntomas depresivos y autodestructivos que había sufrido durante la adolescencia, se encontraba estable pero no tenía ninguna aspiración ni ningún afán de mejoría. Tan solo quería ver a sus amigos y estar tranquila y agradablemente. Vivía de manera temporal en un piso social. No tenía impulso para encontrar un medio de subsistencia y aspiraba a un ingreso mínimo vital. Y tampoco tenía otras ambiciones personales. Había convertido incluso su actitud de no mejoría en una ideología que podría aplicarse a todo el mundo. El instinto de mejoría estaba por completo reprimido y negado. Afortunadamente, durante el tratamiento descubrió que no quería volver de ninguna manera al domicilio familiar, donde la interacción era muy tóxica, y ante la finalización del tiempo de uso del piso social se sintió obligada a pensar en la posibilidad de iniciar alguna actividad laboral. Después de trabajar una temporada a tiempo parcial, decidió que para no cobrar un sueldo de miseria tenía que estudiar un curso de formación que ahora está terminando.

Finalmente, la hormiga cogió su cáscara de pipa y se puso a ser ella misma, es decir, a mejorar. Cuando la enfermedad se desvaneció y las resistencias personales no pudieron mantenerse, el instinto natural de mejoría apareció y empujó a nuestra chica al igual que lo hace con las hormigas.

2. Los que entienden mejorar como ser perfectos. En el sentido contrario al que hemos visto, otras personas asfixian el instinto de mejoría por exigirle demasiado, como en el siguiente caso clínico.

> *M. tenía cuarenta y tres años y tres hijos de diez, ocho y cuatro. Trabajaba en una empresa bancaria, al igual que su marido. Los hijos iban bien y no había mayores inconvenientes en la relación familiar ni en su empleo.*
>
> *Acudió a la consulta porque la ansiedad le estaba impidiendo dormir en los últimos dos meses. Se dormía tarde pensando en las actividades del día de los niños, planteándose si deberían buscar un refuerzo de matemáticas para el segundo de ellos. También le preocupaba si el mayor debería tener más amigos y no sabía si ella misma debería acudir más a menudo al colegio y relacionarse más con*

> *otras madres. Aunque los niños ya acudían a un colegio bilingüe, no sabía si debería también apuntarles a un tercer idioma, no quería que se quedaran en desventaja cuando buscasen trabajo dentro de unos años. Estaba leyendo libros de psicología infantil y de educación con el objetivo de no cometer errores que pudieran afectar a su desarrollo.*
>
> *Lo que la había empujado definitivamente a acudir a la consulta es que notaba que no se concentraba en el trabajo porque estaba pensando todo el tiempo en el rendimiento de sus hijos y tenía la sensación de que debía estar más pendiente de ellos para asegurarse de que tuviesen una crianza perfecta. Se estaba planteando incluso dejar el trabajo, pero económicamente eso les supondría un serio problema. Todas estas preocupaciones y pensamientos le habían robado la alegría y se sentía cada vez más agobiada y baja de ánimo.*

El malestar emocional de esta mujer mejoró con un medicamento reductor de la obsesividad y de la ansiedad. Pero su actitud vital era claramente insana y precisó una intervención psicoterapéutica. Las personas como M. van más allá del impulso natural de mejoría, pues se plantean esta como un camino hacia la perfección, para conseguir que todo salga absolutamente bien. Si fuesen hormigas como las de mi relato anterior, serían aquellas que tienen que asegurarse de que la cáscara que llevan es la mayor o al menos la más grande posible (que no haya nadie más que pueda hacerlo mejor y llevar una más hermosa), lo que les hace volver todo el tiempo a buscar una cáscara de un tamaño superior. Para estas personas, la mejoría no está en esforzarse lo máximo posible (lo mejor que se puede), sino en hacerlo absolutamente bien. Como este «absolutamente bien» es difícil de definir, la mejoría siempre significa hacer más todavía, y nunca sería bastante. En el caso de nuestra paciente M., ella podría incluso llegar a dejar el trabajo y, probablemente, esto no resultaría suficiente para calmar su necesidad de ser mejor. Es cierto que muchas veces podemos mejorar nuestra tarea, en este caso la crianza de los niños, si renunciamos a algunas otras cosas. Algunas familias pueden permitirse que uno de los cónyuges renuncie al trabajo para aumentar el tiempo de dedicación a los hijos, pero en otros casos esto no es posible.

La clave de esta actitud insana hacia la mejoría está en la idea de ser mejor. Y en este sentido, aunque a primera vista parece lo contrario, se asemeja al caso opuesto en el que los pacientes ahogaban el instinto de mejoría. En ambos casos, el problema es la imagen de ser mejor, asociada a la validez, el merecimiento y, en cierto modo, la egolatría. «Tengo que hacerlo todo perfecto para que salga todo bien», dice la paciente. Pero lo que oye el psiquiatra es «tengo que hacerlo todo perfecto para ser mejor». Y como la noción de «absolutamente bien (perfecto)» es solo posible en el ámbito de lo divino, esta actitud de mejoría infinita no deja de ser una condena que la persona arrastra de manera angustiosa.

El problema de M. no se solucionaría con un décimo de lotería premiado que le permitiera dejar el trabajo. Seguiría pensando de manera obsesiva en las múltiples cosas, actividades o normas que podrían cambiar para asegurar el éxito en la educación de los hijos. He dicho «éxito», sí. Porque al igual que en los casos anteriores de ahogo de la mejoría, el problema se reduce al éxito o al fracaso. En este caso clínico, la educación de los hijos se plantea así, y además como algo personal.

Nadie puede definir de forma objetiva lo que es un «éxito» en la educación de los hijos. Depende de lo que valore más cada persona: que sean cariñosos, que obtengan matrículas de honor, que sepan varios idiomas, que tengan muchos amigos, que vayan a ganar mucho dinero, que tengan valores religiosos y sucesivamente.

El concepto de mejoría no es equivalente al de éxito y pueden incluso llegar a ser incompatibles. La mejoría es una intención de hacer bien las cosas, pero no tiene nada que ver con conseguir una meta o lograr un objetivo. La mejoría es un movimiento continuo, mientras que el éxito es un trofeo puntual. Es totalmente compatible con sufrir derrotas en la vida, porque el camino de esta, como el del deporte, está escrito con victorias y derrotas sucesivas. Ambas son situaciones habituales en la vida y no son equiparables a los términos más rígidos de éxito o fracaso.

Y lo peor es que esta actitud de insatisfacción constante con la mejoría no solo afecta al sentimiento de validez de la propia persona, sino que acaba perturbando también a sus familiares, a los que también exige una mejoría constante y nunca suficiente. Puesto que estas personas nunca están tranquilas con la mejoría de los suyos, acaban transmitiéndoles la sensación de que no les aprecian, de que no son válidos, aunque no sea esa su intención. Así, la aspiración de ser continua y desmesuradamente mejores deriva en que todos a su alrededor acaban sintiéndose insuficientes y no queridos.

Por ello es importante repetir, para concluir, que el instinto de mejoría lo llevamos en nuestra naturaleza, no necesitamos empujarnos a ello. Lo que no debemos hacer es bloquearlo, porque acabaremos enfermos. Ni en el caso de que asociemos la mejoría solamente al cultivo de la imagen exitosa (profesional o corporal) y obstruyamos la mejoría de otros aspectos de nuestra persona. Ni tampoco porque asociemos la mejoría al perfeccionismo sobrehumano y acabemos asfixiando nuestra propia mejoría y la de los demás.

Mejorar es crecer cada día y la salud mental va ligada a una sensación de crecimiento continuo que no es mérito nuestro, pero en el que nosotros ponemos nuestra parte de esfuerzo y de ilusión. La mejoría continua consiste en la intención de mejorar, de hacer bien las cosas cada día. Pero esto no tiene nada que ver con ser el mejor; la mejoría es un instinto vital que no se compara con nada ni con nadie.

La actitud de mejoría, en definitiva, se basa en la intención. Quien intenta mejorar lo consigue sin ningún lugar a dudas. Pero no debemos olvidar nunca que, aunque nosotros hagamos bien las cosas cada día, los resultados no son siempre como esperábamos, porque la mayoría de las situaciones, como hemos visto anteriormente, no están bajo nuestro control.

Reconociendo a tiempo los síntomas

No por ser el último es el menos importante. La proporción de personas que tienen un trastorno emocional o de conducta sin ser conscientes de ello es muy elevada. La OMS calcula que un 30 por ciento de las personas con depresión en los países del primer mundo está sin diagnosticar, y por supuesto sin tratar. Y algo similar ocurre con los trastornos de ansiedad, de la personalidad, obsesivos, de la conducta alimentaria, bipolares o de adicción.

Las personas tardan mucho en reconocer que no están bien y que necesitan ayuda. A los humanos nos cuesta enormemente reconocer nuestra debilidad o vulnerabilidad, en especial a las figuras masculinas, que asimilan sus síntomas a reacciones normales ante el estrés de la vida, o culpan al trabajo o a otras personas de su malestar.

Además de esta dificultad para mostrar debilidad, el impacto del estigma social de las enfermedades es también importante. Las personas sienten terror a la opinión de rechazo que les espera por parte de los demás si se enteran de que sufren un trastorno mental. Pero también temen su propio juicio ante las enfermedades mentales. Por lo general piensan que esta les marcará toda la vida, o les obligará a tomar medicaciones que les impedirán conducir o tomarse una cerveza. La mente de las personas está llena de mitos y prejuicios en relación con los trastornos psiquiátricos y los tratamientos, y esto contribuye en gran medida a retrasar el momento de la consulta hasta que no se puede aguantar más.

Un tercer factor que influye en el retraso en la consulta es el sentimiento de culpa. Muchas personas piensan que si padecen una depresión es culpa suya, porque no tienen motivos «especiales» para estar deprimidos. Las personas con ansiedad pueden pensar que son culpables de sufrirla por tomarse las cosas demasiado a pecho y ser cobardes. Ante esto, debemos entender con claridad que los trastornos mentales no se producen por un motivo aislado o porque nos haya ocurrido algo grave. No necesitamos una justificación para poder tener una depresión o un trastorno de ansiedad sin sentirnos culpables por ello.

Detectar un trastorno mental antes de que se desarrolle del todo tiene una marcada repercusión en el pronóstico. El tratamiento en las fases incipientes evita que se produzcan todos los síntomas y reduce con ello la repercusión psicológica que tiene en la persona. Empezar a tratar una depresión con los primeros síntomas de decaimiento y desánimo puede evitar toda la parte de ideas de culpa o de minusvalía posteriores, así como las de desesperanza y de muerte que asustan tanto al paciente. El tratamiento de la ansiedad en sus primeras fases puede evitar todos los síntomas de evitación y las fobias que se producen en las fases posteriores y que impiden a la persona ir a trabajar, al supermercado o al cine.

Merece la pena detectar los primeros síntomas de malestar y dificultades claras para funcionar en la vida diaria como antes. Y pedir ayuda y tratamiento profesional. Cuando alguien note que lleva tiempo sin dormir de manera adecuada, que hace algunas semanas que se siente especialmente cansado o desanimado, que le apetece estar solo la mayor parte del tiempo, que las cosas de la vida cotidiana empiezan a resultarle muy trabajosas, que no le apetece ver a los amigos, que tiene miedos nuevos en el trabajo, etc., no debería esperar a que la situación se deteriore hasta sentir que se derrumba. La gran mayoría de los trastornos psiquiátricos son leves, no son para toda la vida, como dicen los mitos y los mensajes erróneos en las redes, y, en la actualidad, tienen tratamientos eficaces. Además, los medicamentos que utilizamos para reducir el malestar permiten llevar una vida absolutamente normal.

Dicho esto, queda claro que, para mejorar nuestra salud mental debemos normalizar los trastornos mentales. Debemos aceptar que ocurren y que constituyen un trastorno más de la medicina, con su tratamiento y su curación, y que no debemos dejarlos sin tratar. Que los hay leves, la mayoría, y graves, como en todas las especialidades. Y que ojalá nos toque uno de los leves.

Y que no es una debilidad tener un trastorno mental, ni mucho menos hay que sentirse culpable de ello.

3

Salud mental y bienestar

El origen del bienestar

Ya vimos anteriormente que la OMS definía la salud mental como un estado de bienestar que permite al individuo tener una vida agradable y aportar a la comunidad.

No es preciso explicar mucho lo que quiere decir «bienestar»: tal como se ve en la propia palabra, significa «estar bien». Lo que no está tan claro es qué implica esto último. Aunque, no nos engañemos, todos queremos, de una manera distinta cada uno, estar bien. Ni siquiera los santos o los misioneros desean lo contrario. Hasta los masoquistas quieren estar bien sufriendo dolor y humillaciones. Las pacientes con anorexia nerviosa grave piensan lo mismo, aunque para ello se conviertan en esqueletos propios de los campos de concentración. Estar bien es algo comparable al goce, o al menos eso es lo que pensamos todos.

En los animales, esto es simple: su conducta tiende a ello automáticamente, está predeterminada. Para alcanzarlo buscan, pelean, huyen, se comen unos a otros, copulan o se resguardan del frío. Si no consiguen estar bien de una manera, lo intentan de otra. No nos ponemos a analizar cuál es la conducta mental sana de un animal.

En la comunidad de los humanos, el asunto de estar bien se vuelve bastante más complejo, porque lo hemos asociado al concepto de estar mentalmente sano. Prestemos atención a la definición de la OMS, porque implica dos supuestos casi dogmáticos:

1. Que se puede alcanzar el bienestar casi completo y que es un derecho de todo ciudadano.
2. Que primero hay que tener el bienestar y luego vendrá el rendimiento y la aportación a la comunidad. No se plantea el orden contrario: que primero deba darse el rendimiento y el aporte a la comunidad, y con ello aparecerá el bienestar.

Parece que estoy diciendo algo absurdo, primero el esfuerzo y luego el bienestar, algo impropio de la época avanzada en que vivimos. Pero lo cierto es que tanto la naturaleza psicobiológica del hombre como el conocimiento científico me darían mayoritariamente la razón.

Toda la psicología positiva del siglo XX, representada sobre todo por el psicólogo Martin Seligman, de la Universidad de Pennsylvania, demuestra que el impulso de entrar en movimiento, de dar pasos pequeños, lleva al crecimiento personal y hace más consistente el sentido de uno mismo. Tras ello puede llegar la aportación a la comunidad, que se va perfeccionando progresivamente, y el bienestar viene de la mano de ello. Esto es lo que llamamos el «bienestar de origen intrínseco», porque lo generamos nosotros.

El bienestar de origen extrínseco depende de las gratificaciones que nos aporta el entorno, con sus éxitos, halagos, buenos trabajos, premios, fortunas, pasiones amorosas y muchas otras que nos vienen dadas.

La ciencia demuestra que el bienestar intrínseco, al depender de nosotros, nos hace ser más autónomos. El extrínseco, por el contrario, nos vuelve dependientes del mundo, nos hace insignificantes, incluso nos puede convertir en adictos (al dinero, a las pasiones, a las drogas, a la holgazanería). La autonomía conlleva libertad, la cual es básica para la salud mental. La dependencia adictiva y el desvalimiento comportan amargura, ansiedad y encogimiento personal, todo lo contrario a la salud mental. Por ello es más sano el bienestar que obtenemos a partir de nuestras propias actitudes que el que nos proporciona la suerte o nos prometen los gobernantes.

Estar bien y sentirse bien

Los animales no buscan estar bien, sino sentirse bien. Comen hasta que se sacian; si no hay comida la buscan, si tienen frío van en pos de refugio. No se plantean nunca si están bien objetivamente (tampoco tienen las estructuras cerebrales para hacerlo).

Los humanos sí tenemos una idea colectiva de lo que es estar bien, que no deja de ser un juicio de valor. Estar bien o mal es una opinión, un criterio basado en las circunstancias y en las propias valoraciones. Estar bien es no padecer enfermedades serias, disponer de medios económicos y no haber tenido ninguna pérdida significativa o ningún incidente adverso grave (por ejemplo, perder la Champions con el Real Madrid en el descuento para un atlético como yo). Esto es lo que podríamos llamar «bienestar objetivo».

Pero sentirse bien no es un juicio de valor, sino un sentimiento. No es discutible ni argumentable; se trata de una realidad absoluta. Y bien, hay personas que tienen lo que describe la situación de «estar bien» (incluidas varias Champions) y, en cambio, no se sienten bien (y no me refiero a que tengan una enfermedad mental, como por ejemplo una depresión). Lo que ocurre es que, en el ser humano, estar bien no es lo mismo que sentirse bien. Estar es un concepto objetivo, racional. Para alguien como el filósofo dieciochesco Immanuel Kant, racionalista y perfeccionista, estar bien es tener todas las condiciones objetivas para ello. Por ello, para él, no sentirse bien, si uno dispone de todas las condiciones para ello, supondría una enfermedad mental. Sin embargo, para un filósofo decimonónico como Schopenhauer, existencialista, estar bien es algo subjetivo, un «sentirse bien» que cuesta mucho alcanzar por culpa precisamente de nuestro racionalismo. Sentirse bien no depende tanto de las condiciones ambientales como de la forma en que las vivimos. Y a esto es a lo que llamaremos «bienestar subjetivo». Hay personas que lo tienen todo, pero no se sienten bien.

«Estoy enfadada, mi marido va a lo suyo, le gusta leer y ver deporte con los amigos. Es buen padre, y también hacemos cosas juntos; viajamos y salimos a menudo. Pero parece pasárselo mejor cuando está con sus cosas. Mis hijos no son malos ni desobedientes, son cariñosos incluso, hablan de sus cosas, pero no me cuentan mucho, tengo que preguntarles. Y están deseando salir con los amigos, parece que no quisieran estar en casa. Me da la impresión de que nadie me hace caso, me siento mal, me da pena que sean así».

Esta mujer de cuarenta y cinco años trabajaba en un centro público, tenía un marido con el que se entendía sin anomalías graves de pareja y unos hijos sanos y formales, sin problemas en el colegio y de buen trato. Gozaba de un buen nivel de vida. Pero no tenía bienestar, se sentía desatendida y toleraba mal que sus familiares tengan momentos propios de disfrute. Se sentía mal.

M. tenía veinticuatro años, había terminado una exitosa carrera de Administración y Dirección de Empresas, había hecho las prácticas en una empresa de prestigio donde había caído muy bien y ya le ha-

bían ofrecido un contrato para llevar un proyecto importante, a pesar de su juventud. Además, era guapo y tenía una buena presencia y habilidades sociales. Trabajaba mucho, pero no se encontraba bien. Había estado saliendo con una chica varios años, también de ADE, pero al final se acabaron separando por la inconsistencia de ambos. Tenían que desarrollar sus mejores oportunidades profesionales en destinos distintos. Salía con amigos en ocasiones, pero no disfrutaba ni le gustaba. A veces tenía algún ligue esporádico, pero sentía la preocupación constante de poder quedarse solo y no encontrar otra chica como su exnovia. A pesar de tener dinero, éxito, atractivo y salud, no se sentía bien. Y no tenía una depresión diagnosticable.

Hace ya varias décadas, en una canción se entonaba el estribillo siguiente: «Tres cosas hay en la vida, salud, dinero y amor, y el que tenga estas tres cosas, que le dé gracias a Dios». La canción no hablaba de la felicidad, porque sabemos que hay personas con el dinero justo y con la salud mermada que pueden sentirse felices, sino que versaba sobre el bienestar. Con salud, dinero y amor se puede estar bien (bienestar objetivo), pero hay que saber combinarlos entre sí para sentirse bien (bienestar subjetivo). Y para ser feliz, habrá que sentirse además agradecido y afortunado por ello (por eso la canción decía lo de darle gracias a Dios).

Dinero y salud mental

Todos conocemos a personas con mucho dinero (y sin otras desgracias) que no parecen sentirse bien. Inmediatamente pensamos (en silencio, claro): «Con la pasta que tiene, cómo puede quejarse». Quienes han conseguido el dinero con la sensación de mucho trabajo y ahorro pueden estar angustiados por el continuo temor a perderlo en una desgracia (esto lo llamamos los psiquiatras «temor de ruina»). Quienes lo lograron de manera oportunista, en un golpe de fortuna o en un pelotazo (aunque crean que este último lo dieron porque son muy listos) tienen la íntima inseguridad de que lo perderán a manos de otro oportunista o de una racha de mala suerte. El dinero vale para comprar cosas, pero en un nivel simbólico, su posesión significa para muchos humanos (la mayoría) tener poder, en el sentido literal del verbo «poder»: podemos comprar coches y aparatos, casas, cursos de formación, capacidad para ayudar a la familia, a los desfavorecidos o a la parroquia.

También podemos volvernos atractivos (el dinero nos hace más apetecibles para algunas personas), conseguir parejas más bellas y conquistar a más personas.

Cuando el dinero se vive como «poder», nuestro goce viene de tenerlo para exhibirlo ante los demás, para que los demás lo vean y nos valoren por ello. Por ello, sentimos un miedo continuo a perderlo y a pasar a ser menos que nuestro vecino o nuestro rival. Estamos bien económicamente, pero no nos sentimos bien, porque la posesión de dinero da razón de nuestra valía y si lo perdemos, entonces no valemos nada, no somos nada. El dinero ha pasado, por tanto, de ser nuestro instrumento a convertirse en nuestro amo, el que nos da o nos quita la vida. En consecuencia, enturbia nuestra salud mental.

Solo cuando compramos cosas de las que estamos enamorados nos proporcionará el dinero un bienestar. No por su posesión, sino por su disfrute. El mejor coche o barco, o la pareja más bella servirán momentáneamente para henchir nuestro orgullo, pero no nos harán sentirnos bien si no estamos enamorados de ellos. Incluso la ayuda económica que le damos a familiares o amigos acabará causándonos malestar si no se la entregamos con total generosidad. El dinero da el poder de tener muchas cosas, pero no es la acumulación, sino el disfrute de las relaciones o de las cosas lo que nos producirá bienestar. Para estar mentalmente sanos, tenemos que disfrutar cada segundo de ese cochazo que nos hemos comprado y mimarlo. Los minutos con este automóvil son eternos, no los invade el miedo a perderlos.

El cerebro humano tiene dos sistemas que afectan a la posesión de las cosas:

1. El sistema del miedo o evitación del peligro, en la región denominada septo-hipocampo, muy relacionada con la serotonina y cuyo sentimiento de base es el miedo.
2. El sistema del disfrute o apetitivo, en áreas mesolímbicas, relacionadas con la dopamina y cuyo sentimiento básico es el goce.

La activación del sistema del miedo está detrás de muchas grandes fortunas y resulta insaciable; nunca se pierde del todo el temor, por ello nunca se tiene suficiente dinero. Sin embargo, cuando se activa el sistema apetitivo, la cosa en sí (o la persona) nos hace disfrutar y sentirnos bien, y por ella misma, no porque la poseamos.

Por tanto, es falsa la idea de que disponer de muchos recursos económicos lleva directamente al bienestar psicológico. Sin duda tener una tranquilidad económica proporciona cierto bienestar o al menos reduce el malestar de la penuria económica constante. Pero es falso que la mejora de las condiciones económicas proporcione por sí misma el bienestar psicológico, como afirman las posturas ideológicas más materialistas. Este va más allá de la riqueza material, y no digamos ya de la felicidad, pero de eso hablaremos luego. Las consultas de psiquiatría están llenas de gente menos adinerada en la sanidad pública, y de personas más acaudaladas en la sanidad privada. El malestar psicológico no perdona ni a ricos ni a pobres. A menudo, el malestar psíquico está asociado al deseo del pobre por ser rico y a la incapacidad del rico para apreciar los regalos que tiene.

Salud física y salud mental

Estar sano implica para las personas no tener enfermedades que amenacen su vida o su capacidad, o que produzcan dolores, picores o algo parecido. En general consideramos que alguien está sano cuando solamente tiene una enfermedad muy leve, como una pequeña urticaria, por ejemplo, o una miopía, pero no cuando padece una anemia o una enfermedad lumbar muy dolorosa. Todo el mundo tiene alguna cosita, pero se siente sano si puede seguir haciendo vida normal.

Es decir, no es lo mismo estar sano que sentirse sano. Algunas personas no paran de quejarse por cualquier pequeño síntoma, ya sea una molestia o un poco de cansancio. Otros individuos incluso se sienten insanos porque su nariz no es perfecta, su cara tiene algún granito o sus senos son algo pequeños. Y no pueden funcionar con esto, se lo cuentan repetidas veces a todo el mundo y buscan ayuda médica de forma desesperada para corregir el problema. Los psiquiatras sabemos que la mayoría seguirán sin sentirse sanos después de las correcciones, y que luego aparecerán otros síntomas o imperfecciones. Pero el negocio de la salud y de las cirugías se basa a menudo en estas personas, que seguirán haciéndose pruebas y operaciones, diga lo que diga el psiquiatra.

El sujeto sano, para la sociedad, es el que está relativamente bien de salud, lo que no quiere decir que se sienta bien o mejor. Nos referimos aquí a la salud objetiva. Pero entonces hablaremos más bien de un individuo sano, porque uno no es sujeto de su salud: esta es un regalo que nos viene dado. Podemos hacer lo posible por tener salud, pero no es un logro nuestro. Podemos colocarnos en posición para que nos caigan más caramelos en la cabalgata de Reyes, pero al final son los Reyes los que regalan los dulces. Podemos comer alimentos saludables, hacer algo de ejercicio, tomar el sol con protector, pero todo ello no garantiza la salud objetiva absoluta.

Al final, se trata más bien de un don regalado que podemos apreciar o no, y del cual depende el bienestar subjetivo. Una persona puede tener una buena salud física, pero estar mentalmente insano por no saber apreciarlo y sentir insatisfacción crónica por su estado. Algunos incluso se sentirán mal porque pensarán que los pequeños defectos de salud que tienen son culpa suya, de los otros, de la contaminación de los alimentos o de lo que sea. Esto nos ocurre porque no dejamos a nuestro cerebro disfrutar del potencial de salud que tiene, sino que lo obligamos a compararse con un ideal de perfección.

Todo esto viene al final por un error psíquico y filosófico que cometemos los humanos: pensamos que una persona normal debe estar perfectamente sana, sin ningún síntoma. A partir de esta actitud, tener síntomas es inaceptable, es incompatible con el bienestar. Quienes piensan y sienten así no se encuentran nunca bien, son hipocondriacos y no gozan de salud mental. La persona mentalmente sana tiende a utilizar su salud para ir hacia afuera, emprender acciones, perseguir deseos y volcarse en los demás. Por el contrario, quienes no tienen una buena salud mental se miran continuamente hacia adentro, hacia sí mismas, están pendientes de sus síntomas y buscan el bienestar en una salud perfecta que nunca existirá.

El ser humano es de carácter sintomático, siempre tiene pequeños síntomas, pero aprende a vivir con ellos, a no amplificarlos, y al final se le «olvidan» (es decir, pasan al inconsciente). Y por eso puede sentirse bien, aun sin tener la salud física perfecta.

Amor y salud mental

Al introducir estos temas, el asunto se complica tanto que necesitaría un congreso científico entero o unos cursos de fin de semana en la sierra.

Amor y bienestar están relacionados con claridad, pero el bienestar mentalmente sano, tal como lo define la OMS, ya es otra cosa. A nadie se le escapa que el amor conlleva mucho bienestar, pero también trae muchos sufrimientos. Esto no es una invención de los psiquiatras, podemos verlo en muchas películas.

El amor sano, el equivalente a salud mental, podrá ser del tipo pasional con escape rápido, breve estratégico (se planifica la duración a priori, pero suele ser un fiasco), la relación abierta o poliamor (que destierra los celos malsanos y posesivos), el poliamor con parejas equivalentes o con una principal, el de carácter intermitente y así varios más, hasta llegar al duradero y profundo. Pero en la salud mental, donde se tiende a reducir el estrés y el malestar, parecería que no puede existir un amor que no sea siempre agradable. El amor dura un tiempo determinado siendo agradable; después se supone que habría que desecharlo y cambiarlo por otro. «La pareja tiene sentido si es para gozar. Si tu relación es difícil, rómpela, no seas masoquista».

Este amor puramente gratificante y placentero se basa en las activaciones de los sistemas apetitivos y de recompensa, que implican sobre todo a la dopamina y a las endorfinas, las cuales se agotan a las pocas semanas. A partir de entonces, la evidencia clínica y neurocientífica demuestran que el sentimiento que llamamos amor evoluciona, si perdura, a naturalezas más complejas que las simples atracciones bioquímicas y las idealizaciones psicológicas. Aparecen además aspectos de complicidad, proyectos comunes, confianza profunda casi incondicional, aceptación de diferencias o desacuerdos sin cuestionar la unión, capacidad de renuncia extraordinaria y vivencia del otro como misión, es decir, el bienestar entendido como el bienestar del otro. Vamos, que el amor duradero sigue teniendo momentos muy agradables pero otros que son todo lo contrario, lo que cuestiona por tanto si es saludable mentalmente.

El amor pasional, del tipo que sea, monoamor o poliamor, no es un acto del sujeto, sino algo que le pasa al individuo, que es un objeto arrastrado por una fuerza que le lleva hacia el otro. Cuando la fuerza pasional se acaba, esa persona no entiende qué hace ahí.

El amor transitivo, en el cual se renuncia al bienestar en favor del amor del otro, sí es un acto del sujeto, una elección que se hace a pesar de las dudas, de los temores y de los aspectos que no resultan agradables, pero con una determinación interna imparable, poderosa, de fusión con la profundidad del otro. Ese amor es inexplicable de manera química, supone un misterio para la ciencia. Por ello, algunos dirán que no es mentalmente saludable, que es alienante (pues anula la libertad del individuo), que es una forma de dependencia emocional.

Este amor transitivo habremos de dejarlo para cuando hablemos de la felicidad, porque es muy profundo para el mero concepto de salud mental. Esta, según la definición de la OMS, que propone como eje central la búsqueda del bienestar individual, aconsejará que aprovechemos mientras podamos, que consumamos sin sentimientos de culpa, que no nos reprimamos porque la fidelidad no es un fenómeno natural, que no nos sintamos mal por dejar a alguien, que no nos planteemos proyectos estresantes. «Quiérete primero a ti mismo y no caigas en relaciones desiguales o dependientes». «No te comprometas innecesariamente, mantén tu espacio de protección».

Aunque la observación de muchos humanos nos muestra que a menudo esta fusión con lo profundo del otro no tiene por qué ser una posesión ni una anulación. Al contrario, lo que se comparte con la persona amada es inaccesible para los demás, es el lugar secreto y compartido, en el que no importa si los amantes tienen también vidas propias. Parece incluso, por las evidencias, que hasta el mismo compromiso, en el que aparentemente se restringe la libertad de hacer lo que se quiera, pudiera ser una fuente de bienestar y hasta de sentimiento de libertad. Como decía, en la psiquiatría se encuentra uno con bastantes fenómenos paradójicos, misteriosos y poco racionales.

Salud, dinero y amor

La persona mentalmente sana ya está en condiciones de aumentar su bienestar combinando de manera equilibrada la salud física con el dinero y con el amor. ¿De manera equilibrada? ¿Cómo se mide eso con exactitud?

Varón de treinta años, administrativo: «*Doctor, a mí lo que me gusta es montar en bicicleta y estar en casa leyendo o viendo películas, no me gusta la fiesta nocturna ni los viajes. Pero me dicen que eso no es bueno, que debería tener más experiencias, viajar más, conocer más sitios, salir más. Quizá soy poco sociable y he oído que eso no es bueno para la salud mental*».

Mujer de veintiséis años, publicista: «*Doctor, mis padres están preocupados porque el dinero no me*

> *dura nada en el bolsillo. Me lo gasto en viajes, me gusta conocer sitios. Y me gusta mucho la fiesta, y comprar ropa y regalitos. No sé si eso es bueno, quizá debería ahorrar un poco y ser una persona más contenida. No estoy segura de si tengo suficiente control, y eso dicen que es malo para la salud mental».*

El psiquiatra le dirá (dependiendo de cómo sea él mismo): «Prueba pocas cosas y céntrate en ellas». O: «Prueba muchas cosas, atrévete, conoce y cambia a menudo». O: «Gasta lo que tengas mientras puedas, no debes preocuparte tanto por el futuro». O bien: «Deberías planificar mejor el futuro, ser más previsora, ordenada y ahorradora». ¿Dónde está la salud mental? ¿En ahorrar, en vivir al día, en planificar, en improvisar, en pensar mucho, en no pensar, en decir las cosas que pensamos aunque molesten, en evitar el conflicto y callarnos?

Decíamos antes que el secreto de la salud mental está quizá en combinar la salud, el dinero y el amor equilibradamente. Pero este último concepto nos lleva a las dudas filosóficas del principio: ¿qué significa «equilibradamente»? ¿Cuántos viajes debe hacer una persona sana y con dinero, y cómo debe manejar las relaciones sexuales para alcanzar la salud mental? ¿Cuánto estrés debe soportar en la pareja antes de tirar la toalla? ¿Cómo debe actuar frente a los enemigos y al sufrimiento en general? En nuestra sociedad actual del bienestar, tener dinero y salud y no visitar países exóticos o que tus parejas no sean estupendas empieza a resultar raro. Y las relaciones de pareja solo parecen sanas si son divertidas y sin estrés.

Aunque quizá haya algún raro que prefiera pasear, andar en bicicleta y pasar tiempo en casa y estar siempre con la misma pareja, aunque discutan. Estas cuestiones de la salud mental acaban irremediablemente siendo definidas por las instituciones, ya sean científicas o políticas. Y también influidas por las ideologías predominantes.

Antes pensábamos que cada uno decidía cómo vivía, o al menos que podía intentarlo sin temor a equivocarse. Pero hoy en día predomina el concepto de lo saludable, lo que es bueno para la salud, lo que se debe hacer para alcanzar el bienestar. Y las personas se encuentran perdidas: ya no saben si su forma de vivir y de ver las cosas, aunque les guste y se sientan bien con ella, es «mentalmente sana o no lo es». A la mínima dificultad o sufrimiento en el camino piensan que lo están haciendo mentalmente mal. Y se ven abocadas a preguntar al experto en salud mental, o a quien se haya presentado como tal.

Y probablemente estamos confundiendo a las personas diciéndoles que la salud mental, el bienestar y la felicidad son lo mismo.

4

El estigma de la salud mental

Cuando utilizamos el término «estigma» aplicado a la salud mental, nos referimos a uno de sus significados negativos: una marca o señal de indignidad.

Esto no siempre ha sido así a lo largo de la Historia. Algunos pensarán que es algo propio de los tiempos antiguos, cuando los humanos eran menos civilizados y tolerantes. Pero sorprendentemente no es así. El estigma de la salud mental nace en los tiempos modernos, tras la Ilustración y el auge racionalista del siglo XVIII, y llega a su máximo nivel en los últimos cincuenta años. Estoy seguro de que se han sorprendido, pero es cierto. Las últimas generaciones han sido las que más han infamado los trastornos mentales.

En las épocas antiguas estaban estigmatizadas la lepra y la epilepsia: la primera como señal de pecado o de impureza contagiosa, la segunda como manifestación de estar endemoniado. En ambos casos, implicaba un apartamiento cruel de estas personas. Pero los llamados locos no estaban estigmatizados en la Grecia o en la Roma clásicas, ni tampoco en la Edad Media. Se integraban en la medida que podían en las tareas manuales o del campo, y la gente convivía con ellos riendo sus gracias y a veces riéndose de ellos. Pero no hay indicios de que intentaran apartarles o de que los rechazaran. En todo caso, lo que podía ocurrirles es que se aprovecharan de ellos.

Los trastornos nerviosos leves o las melancolías depresivas ni siquiera eran considerados trastornos mentales, sino padecimientos corporales como cualquier otra enfermedad, y tratados con curas medicinales.

Pero, a partir del siglo XVIII, el auge del racionalismo conllevará una nueva visión del mundo, con un hombre razonante en el centro que constituye sociedades donde la razón y el juicio lógico se convierten en los valores de referencia. Así pues, toda persona tiene su raciocinio y debe ser educada para que lo utilice adecuadamente.

De modo que aquellos individuos con alteraciones de la razón y con conductas irracionales no pueden adaptarse a este nuevo requisito y quedan progresivamente apartados de los demás. Carecer de esta capacidad es lo más indigno que puede ocurrirle a una persona en este nuevo mundo donde la razón es el único signo de la dignidad humana. Como la lepra en la antigüedad, ahora es la locura la marca de la impureza, y eso induce a apartarse de las personas que la sufren.

Desde entonces hasta ahora, la enfermedad mental ha producido temor y aversión en la población como ningún otro trastorno. Las sociedades en general han tratado la enfermedad con miedo. A las de carácter mental se ha añadido el rechazo.

Esta reacción es entendible hasta cierto punto en las enfermedades infecciosas y contagiosas, aunque solo mientras dura la epidemia, como ocurría con las gripes a principios del siglo XX o con el covid en el XXI. Sin embargo, también alguna enfermedad infecciosa como el sida provocó una ola de rechazo y estigmatización a finales del siglo XX. Y esto último puede ayudarnos a entender la reacción similar que produce la enfermedad mental.

El síndrome de inmunodeficiencia adquirida (SIDA) era una enfermedad grave, que causaba incluso la muerte, y la provocaba un virus que se transmitía, entre otras formas, a través del contacto íntimo entre las personas. Los primeros en desarrollar la enfermedad fueron personas homosexuales con muchas relaciones sexuales sin protección. Posteriormente se fue extendiendo a toda la población, pero en su mayoría a personas con relaciones sexuales frecuentes y variadas y a personas que recibían transfusiones de sangre contaminada o que compartían jeringuillas de heroína. La gente se apartaba aterrorizada de quienes se sospechaba que padecían la enfermedad y evitaba todo contacto con objetos que pudieran haber tocado, a pesar de las informaciones técnicas que advertían que el virus se transmitía por la sangre o por el contacto íntimo con personas seropositivas. El sida fue adquiriendo así un matiz vergonzante, disimulado eso sí, en una sociedad en apariencia tolerante.

El sida conjuntaba dos componentes comunes con los trastornos mentales. Era una enfermedad percibida como grave y devastadora por la población y, además, reflejaba una debilidad o una impureza por parte de la persona enferma. Los contagiados de VIH habían sido débiles en su autocontrol sexual (impuros en el lenguaje moral).

De la misma manera, la enfermedad mental se percibe como grave y devastadora por la población, aparte de como una debilidad en el control de las emociones, algo que era considerado como una impureza en el mundo antiguo. En el mundo racionalista actual se toma como una marca de invalidez.

El estigma de la enfermedad mental tiene actualmente varios pilares que lo sustentan:

1. La idea de que las personas con enfermedades mentales son incapaces de funcionar racionalmente, por lo que son imprevisibles. No se las puede dejar solas ni son eficaces en un trabajo. No se considera que puedan ser eficientes para algunas cosas y para otras no. Existe la idea de su falta de capacidad global. En el mundo racional y decididamente individualista de las últimas décadas, una persona con alguna discapacidad mental no tiene ninguna posibilidad.
2. Las personas con enfermedad mental no son responsables, pueden abandonar su deber en cualquier momento. No son fiables. Esta idea se aplica a todos los trastornos mentales, con independencia de su gravedad. En el ejercicio de mi profesión tengo que enfrentarme una y otra vez a la pregunta de si las personas con trastornos mentales, leves o graves, pueden tener hijos. Una cuestión que plantean tanto los pacientes, como los familiares o la población en general.
3. Las personas con trastornos mentales son peligrosas. Este aspecto ha sido especialmente refor-

zado por los medios de comunicación, que solo han reflejado este aspecto muy infrecuente entre estos pacientes. Cualquier crimen ocasionado por alguien con trastorno mental es ampliamente difundido en la prensa, hasta dar la impresión de que solo este tipo de enfermos cometen crímenes. Sin embargo, el porcentaje de pacientes con trastorno mental grave que llevan a cabo agresiones es bajísimo, inferior al uno por ciento.

4. El pensamiento mágico de que la cercanía de un enfermo mental puede, de alguna manera, despertar nuestra propia locura. Existe en el estigma de la salud mental un miedo inconsciente a la locura o disgregación potencial que todos sentimos que llevamos dentro. «Me vas a volver loco», decimos con frecuencia cuando nos referimos a una situación irracional. Esto refleja la idea que tenemos de que nuestro equilibrio mental no está garantizado. En consecuencia, acabamos pensando que es mejor no juntarse mucho con personas desequilibradas. Algunas personas todavía nos preguntan a los psiquiatras si no nos volvemos locos tratando con tantos de ellos.

5. La idea de que todo lo que afecta a la mente destruye completamente a la persona. Lo men-

tal es visto como un fenómeno global que está bien o mal, que implica todo o nada. Cualquier afectación de una función mental se contempla con el pánico de que todo el entramado mental se desmorone. Ante un simple ataque de angustia o una depresión, muchas personas reaccionan con el terror de que toda su integridad mental puede derrumbarse definitivamente. Y por eso tardan tanto en consultar a un psiquiatra, ya que intentan negar el trastorno todo el tiempo posible.

El término «trastorno mental» en sí es estigmatizante. Mete en el mismo saco trastornos leves de las emociones con otros graves en los que se desorganiza toda la personalidad. Incluso se ha llegado a proponer una ley especial para la salud mental por parte de algunos, separándola de esta manera del resto de la salud.

Nadie habla ya de trastornos digestivos, por ejemplo, sino de trastornos del funcionamiento del estómago, del intestino grueso, del esófago o del recto. De la misma forma deberíamos hablar de trastornos de las emociones, de la conducta, de la identidad o de la integridad del pensamiento. Pero debería eliminarse la terminología de «trastorno mental», que transmite la idea de que todo lo mental está conectado y que si se altera algún aspecto se perturba todo el equilibrio.

Todos estos factores se reflejan en una estigmatización de la salud mental, que se manifiesta en todos los niveles:

1. En la población general. La gente no querría tener vecinos con un trastorno mental, sin precisar el tipo. Los empleadores tampoco desearían contratar trabajadores con un trastorno mental, sin especificar tampoco. El término «mental» asusta.

    Las propuestas de la psiquiatría comunitaria que sugerían que el paciente sanaría mejor integrándose en la sociedad encuentran grandes dificultades por la falta de acogimiento real de los vecinos. Así, los pacientes acaban juntándose entre sí en los centros de día y de rehabilitación. Pero rara vez se les ve integrados en actividades con gente «normal».

Las actitudes públicas contra la estigmatización son simplemente discursos y manifestaciones de solidaridad testimoniales. Pero no se puede decir que haya un acogimiento o un acercamiento realmente caritativo a los enfermos mentales. Para que esto se produjera habría que hacer un trabajo muy

intenso de información sobre cómo tratar y relacionarse con las personas con enfermedades mentales.
2. En los médicos. Todavía hay una mayoría que no se ocupa de los aspectos de la salud mental de sus pacientes. Tanto por desconocimiento de esta parte de la medicina como por considerarlos un asunto extraño a la misma, de la que deben ocuparse los psicólogos o los consejeros.
3. En las instituciones sanitarias. Si bien a raíz de la pandemia se ha despertado una cierta conciencia de que los trastornos mentales son un asunto importante, lo cierto es que la salud mental ha salido siempre perdiendo en el reparto. El porcentaje de los presupuestos que se han asignado a ella es muy inferior a la magnitud del problema y de la atención que precisan los pacientes. Se invierte más en aspectos de la medicina que se consideran más graves, como el cáncer o las enfermedades cardiacas (algo comprensible), pero también en aspectos que son más llamativos, como las cirugías, en especial las avanzadas tecnológicamente, o los trasplantes. Es raro que se difunda el número de suicidios que se han evitado en un hospital o la cantidad de enfermos mentales que salen recuperados tras

el tratamiento. También resulta difícil explicar la necesidad de los nuevos medicamentos a los gestores hospitalarios, aunque sean caros. Se entiende mejor la utilización de un fármaco caro para las enfermedades cardiacas u oncológicas que para tratar trastornos mentales.

4. En los medios de comunicación. Las noticias relacionadas con altercados o crímenes producidos por algún enfermo mental son mucho más abundantes que las relacionadas con otros aspectos de la salud mental, a pesar de la mejoría observada en los años posteriores a la pandemia del covid. Cuando se informa de delitos o de incidentes en los que participa alguien con un trastorno mental se coloca este punto en primer plano: «Un hombre ha sido detenido por la policía por agredir a varios vecinos. Aparentemente padecía algún problema mental». El dato del trastorno mental en este caso real no aporta nada interesante a la población. El individuo puede haber agredido a los vecinos por razones totalmente ajenas a sus problemas de salud. La mención a los trastornos mentales del individuo aporta tanto como si se hubiera dicho que el individuo era rumano, seguidor del Frente Atlético (los ultras del Atleti) o magrebí.

Tan solo genera una actitud de rechazo hacia los trastornos mentales, los rumanos, los del Frente y los magrebíes.

5. En los negacionistas de la enfermedad mental. Algunos políticos y profesionales ideologizados han pretendido eliminar el estigma mediante la misma negación de los trastornos mentales, en la ilusión de que quitándoles la condición de enfermos se acabaría con el maltrato que recibían. Para estos grupos, lo que llamamos «trastornos mentales» son el resultado de las desigualdades sociales y de las privaciones de derechos a los ciudadanos. Pero, en cambio, lo que consiguen con ello es apartar más de la sociedad a los enfermos mentales y sustituirlos por personas reivindicativas que sufren un malestar cotidiano, quitándoles los pocos recursos que tienen y derivándolos a la atención a otros colectivos que también sufren. Hablar de los enfermos mentales de manera demagógica y aparentemente proteccionista es una manera invisible de estigmatización con utilización sociopolítica incluida.

6. En los propios pacientes. Ya lo hemos comentado anteriormente, pero merece la pena subrayarlo. Existe el autoestigma de los enfermos hacia sí mis-

mos. Muchos pacientes sienten vergüenza por padecer un trastorno mental, sea leve o grave, depresión o esquizofrenia. Un número considerable no se atreve a comentarlo en su entorno por miedo a ser devaluados y rechazados. Otros se ven a sí mismos como ineptos e incapaces globales por padecer un trastorno mental. Afortunadamente, muchos personajes públicos han salido a la palestra en los últimos años a manifestar con valentía que han padecido o padecen algún trastorno mental, dando un ejemplo insuperable de que estos solo son una más de las enfermedades, no un caso raro y vergonzante.

En resumen, el estigma de la salud mental y de sus trastornos es un producto de nuestra sociedad racionalista, que aparta al loco irracional y que tiene pánico a su vez de su propia pérdida del raciocinio. Se estigmatiza el trastorno mental porque se considera irracional, irresponsable, peligroso e incluso «contagioso», y además sufre discriminación en todos los ámbitos, desde la sociedad de a pie hasta los mismos médicos, los hospitales, los políticos e incluso el mismo paciente.

A pesar de los esfuerzos realizados en los últimos años, el estigma de la salud mental sigue muy presente y sus principales motores son la desinformación y los mitos negativos que persisten sobre este tipo de enfermedades y su tratamiento. Por ello, solo una labor intensa y continuada de información sobre los trastornos mentales, su realidad clínica y sus mecanismos, las formas de enfrentarse a ellos y los aspectos positivos y capaces de las personas que los sufren, pueden acabar algún día con un estigma injustificable.

5

Salud mental y felicidad

El camino a la felicidad

Es muy probable que, a estas alturas de la historia, entre psiquiatras, psicólogos y políticos hayamos convencido a la gente de que tener salud mental es equivalente a ser feliz. Pues aviso: ¡No hay que hacernos caso! Por más que lo deseemos, la felicidad de los ciudadanos no está en nuestras manos.

Estar mentalmente sano y ser feliz no son la misma cosa. Los criterios objetivos que definen la salud mental los determinarán las instituciones sanitarias o políticas, y estarán siempre condicionados por las modas y por las ideologías del momento. Sin embargo, la felicidad es algo indefinible, casi inexplicable, y depende de aspectos muy personales de cada uno. Hasta puede ser que los que se consideran criterios típicos de salud mental hagan más infelices a algunas personas.

Recuerdo que en mis primeros años en la especialidad tenía la sensación de que mis pacientes se iban insatisfechos, aunque los trastornos hubieran desaparecido. Miraba con cierta envidia cómo los pacientes de cardiología, gastroenterología o cirugía se iban felices cuando se curaban sus enfermedades. Incluso tras desarrollar prolongadas psicoterapias con mis pacientes seguía teniendo la misma sensación.

Primero llegué a la conclusión de que los pacientes, cuando se decidían por fin a ir al psiquiatra, no buscaban solo la curación de su trastorno, sino también la felicidad. Años más tarde, comprendí que el insatisfecho era yo. Había aspirado a que mis pacientes se fueran felices de mi consulta. Era yo mismo quien no soportaba mi impotencia para conseguir esto y les contagiaba mi descontento por ello. Con el tiempo aprendí a sentirme bien cuando el paciente mejoraba y a transmitirle mi alegría por ello.

Tras padecer un trastorno mental, y aunque haya remitido, es normal que la persona sienta temor e inseguridad por si vuelve a ocurrirle de nuevo. El estigma social ante este tipo de trastornos hace que los pacientes se sientan más inquietos que los de otras especialidades cuando superan la enfermedad. Además, las preocupaciones, los temores y las insatisfacciones típicamente humanas seguirán estando ahí tras desaparecer la enfermedad. Pero en el momento en que acepté mi incompetencia para proporcionarles la felicidad a mis pacientes fue cuando por fin estuve capacitado para hablar con ellos de su infelicidad, sin que la consideraran parte del trastorno mental. Mi alegría por la remisión de su trastorno mejoró y pude contagiársela a ellos. La aceptación de mi impotencia mejoró mi satisfacción y la suya por el resultado, además de su seguridad y su confianza en el futuro, y tanto el paciente como yo nos sentíamos más felices que en mis años jóvenes.

Algunas personas parecen mentalmente sanas, pero da la sensación de que son muy infelices. Y no me estoy refiriendo a quienes padecen un trastorno mental. Incluso me atrevo a decir, y no es una provocación, que algunas de estas personas «trastornadas» se sienten más felices que otras consideradas mentalmente sanas.

Algunas personas parecen equilibradas, racionales y templadas, hablan bien en público, confiesan su disposición a la escucha y a la tolerancia, dan la impresión de ser asertivas y empáticas, y muestran estar preocupadas por los demás. Vamos, que lo tienen todo para estar mentalmente sanas. Y muchas de ellas además tienen salud física, poder económico para irse de vacaciones o pagar los estudios de sus hijos y hasta tienen buenos contactos. Es decir, tienen, como se dice habitualmente, «todo lo que se necesita para ser feliz». Pero no lo son; y ante eso se preguntan: «Si lo he conseguido todo ¿por qué no soy feliz?». Y la respuesta que se dan a sí mismas, por desgracia, suele ser: «Alguien me está estropeando la vida». Y siempre lo encuentran, bien en su cónyuge que no es perfecto, en su hijo que no es como se esperaba, en el vecino que posee aún más cosas que él, o en los compañeros del trabajo. Y acabará rompiendo su matrimonio, peleándose con su hijo o buscando conflictos con otros colegas. Y seguirá utilizando sus recursos mentales para solucionar lo que continúa considerando «problemas» y será cada vez más infeliz. En definitiva, aunque alguien posea todos los recursos mentales posibles para considerarse sano, puede que sea crónicamente infeliz. Y lo malo de este tipo de personas que se consideran mentalmente sanas es que con toda probabilidad harán infelices a quienes están a su alrededor.

¿Cómo se puede explicar que una persona mentalmente sana puede sentirse infeliz de manera crónica? En el fondo íntimo y subjetivo de cada uno, el sentimiento de felicidad es reconocible, pero inexplicable. Sin embargo, la salud mental es una imagen, tanto social como de uno mismo, que implica que la persona está bien en sus mecanismos psicológicos y en sus necesidades externas. Por ello, cuando alguien se considera mentalmente sano, pero se siente infeliz, buscará las causas y los culpables de este estado. Por el contrario, si una persona se siente feliz, no culpará a nadie de sus problemas y ni siquiera se planteará si está mentalmente sano.

¿Qué es la felicidad?

La felicidad se siente, pero no es definible ni catalogable, como la salud mental. Algunas personas alcanzan este estado aislándose en un monasterio y meditando, mientras que otras encuentran la felicidad en el ejercicio continuado de la caridad y de la entrega hacia los otros. Cuando buscamos una definición absoluta de este concepto en la historia del pensamiento humano, no la encontramos. Por el contrario, hallamos visiones muy distintas de la felicidad en diversos pensadores y filósofos.

Desde la Grecia clásica, el concepto se debate entre los placeres (opción de los filósofos epicúreos) y las virtudes (opción de los filósofos estoicos). Los placeres incluyen desde la comida y la sexualidad a la riqueza, la venganza o la dominación. Entre las virtudes hay conceptos como la paciencia, el sacrificio, el esfuerzo, la honestidad o la compasión. Platón ponía el énfasis de la felicidad en el cultivo del pensamiento racional y de las virtudes. Aristóteles entendía que se sustentaba en una buena combinación de los bienes externos, corporales y del alma. La diferencia principal entre placeres y virtudes, desde la perspectiva psiquiátrica, es que los primeros provienen de la satisfacción de los instintos y las pasiones corporales, mientras que las segundas son habitualmente contra instintivas y fruto del pensamiento más elevado. El cuerpo pide una gratificación rápida, mientras que las virtudes consisten en contener la avidez (paciencia), la ira (templanza) o la avaricia (honestidad), y aspirar a la satisfacción espiritual, una especie de alegría profunda y de paz con uno mismo.

La alusión a lo espiritual o sobrenatural va a estar presente en el concepto de felicidad hasta el siglo XVII. Por esa época empezaron a surgir los autores empiristas, como Locke, que afirmaban que solo existe para nosotros lo que podemos sentir y experimentar y descartaban la participación de lo sobrenatural. Por ello no es extraño que los empiristas, ante la ausencia de un Dios que vaya a premiar el ejercicio de las virtudes, opinen que la felicidad solo puede consistir en la acumulación de placeres a lo largo del tiempo.

Algo más de un siglo más tarde, los racionalistas como Kant o Hegel demostraban de manera racional que la idea de la felicidad como una acumulación de placeres es empíricamente imposible, pues necesitaría que todo resultase conforme a nuestro deseo y voluntad. Así, la consideran un ideal inalcanzable salvo en un supuesto mundo sobrenatural. Por ello, Kant afirma que la felicidad, al ser imposible, no puede ser el fundamento de nuestra vida. Para él, el camino natural de la existencia es el ejercicio de una conducta racionalmente ética, que aspire al bien de todos.

Bueno, lo cierto es que nadie le hizo mucho caso a Kant ni a Hegel, aunque en su época fueron unos filósofos famosos. Pero la gente leía muy poco por entonces (en nuestros días tampoco es que lo haga mucho más, pero tiene informativos y redes sociales) y con la llegada de los avances tecnológicos en los siglos XVII y XVIII, los humanos se fueron convenciendo de que la felicidad placentera existe y puede conseguirse mejorando la calidad de vida. Rousseau llegará a decir: «El ser humano tiene derecho a ser feliz y es misión del gobernante conseguirlo». Y esta idea acabará plasmándose en la Declaración de Independencia de EE. UU. o en la Declaración de los Derechos del Hombre (Francia, 1789), que hablan ambas del «derecho a la felicidad para todos», algo que se mantiene en la Declaración Universal de los Derechos Humanos de 1945.

Así que, a la vista de lo ocurrido en los últimos doscientos años, o bien se confundieron con el concepto de felicidad en las diversas Declaraciones mencionadas, o bien los gobernantes no han sido capaces de satisfacer el derecho de todo ser humano a la misma. Porque, aunque las condiciones de vida han mejorado de manera considerable, el grado de infelicidad subjetiva de la gente no parece haber cambiado mucho en los últimos doscientos años. Al menos las guerras, los genocidios y las barbaries de las últimas décadas parecen indicar que los habitantes de los países con mayor nivel económico no debían sentirse muy felices a pesar de los avances en la calidad de vida. Los índices de suicidio son ahora más altos que nunca y las consultas de los psicólogos, psiquiatras y terapeutas están llenas.

De la salud mental a la felicidad

El concepto de salud mental está orientado a la supervivencia y el bienestar. Como en todas las demás especialidades, se trata de no desarrollar enfermedades que limiten nuestra función adaptativa ni nuestra vida, y también de evitar el dolor y el sufrimiento. Salud es, por tanto, prevención y tratamiento de enfermedades y estado de bienestar general. Salud mental es prevención, ausencia de trastornos mentales y bienestar mental.

El eje central de este último concepto (recordemos que es relativamente reciente, de hace solo medio siglo) es la consecución del bienestar psicológico. En el denominado modelo biopsicosocial (el modelo que integra la biología con la psicosociología), el bienestar psicológico resulta de la falta de estrés y de la ganancia de poder de adaptación al medio. Por ello, todo lo que se refiere a mejorar la salud mental va encaminado por una parte a reducir el estrés, entendido este como tensión, carga y sufrimiento. Y, por la otra, a reforzar al individuo para que llegue más alto en el entorno, lo que en el mundo de los humanos llamamos «sociedad». Por tanto, la salud mental se orienta a reducir el sufrimiento psíquico de las personas y a aumentar su poder de adaptación al medio. Es decir, a la supervivencia y al placer.

Reducir el estrés es algo sencillo de formular, pero complicado de llevar a cabo por dos razones principales: la primera es porque casi nunca es evitable cuando lo producen situaciones externas. La segunda razón es que somos muchas personas conviviendo a la vez, y reducir el estrés de una puede suponer aumentar el de otras.

Algunas corrientes psicosociales proponen que la salud mental depende sobre todo de la economía y de las relaciones de poder entre las personas. Por ello proponen como medidas para mejorar la salud mental la mejora de las condiciones económicas o la eliminación de las situaciones de poder. La pobreza sería un motivo de estrés para eliminar, pero también lo causan los exámenes, las normas y limitaciones en las clases, los horarios laborales, la dominación por parte del empleador, el control, la necesidad de compromiso y los celos en el modelo de pareja tradicional, el cuidado de los ancianos y enfermos, y muchas otras cosas. Para estas corrientes de pensamiento, el modelo para reducir el estrés y lograr el objetivo del bienestar mental individual propondría liberarse o deshacerse lo antes posible de las situaciones causantes de estrés. Además, esto permitiría poder perseguir nuestros fines con mayor libertad y ambición.

Otras formas de afrontar la salud mental tienen un fundamento más médico y psicológico que social, y proponen reducir el estrés aportando herramientas para soportarlo mejor y saber manejarlo con gran cuidado.

Los distintos enfoques, tanto las psicoterapias como los medicamentos, van dirigidos a que el sujeto reconozca sus fuentes de estrés interno, ya sean el estilo de pensamiento o emocional, los recuerdos dolorosos o los temores al rechazo, entre otros ejemplos. Y, en un paso posterior, enseñarle a regular estas fuentes de estrés interno, así como a manejar hábilmente las situaciones externas que lo producen, aumentando las capacidades sociales y el poder para llegar alto en metas y ambiciones.

Así que, sea como sea, la salud mental implica un menor sufrimiento (es decir, más placer), y una mayor fuerza psíquica para alcanzar objetivos individuales y ascender en la pirámide social. El papel de los médicos, los psicólogos y también el de los sociólogos y políticos que se meten en la salud mental es mejorar el bienestar (placer) y la fuerza mental para crecer. Con esta visión, la salud mental implica tener habilidades sociales, asertividad, inteligencia emocional, flexibilidad ante el estrés, capacidad para agradar y convencer, y astucia para no meter la pata y escapar de las situaciones difíciles. A mayor salud mental, mejor capacidad para salir bien parado e incluso triunfante. El ejemplo de James Bond, el agente 007, sería un caso perfecto.

> *Un hombre conduce su nuevo Ferrari por la carretera. Se encuentra contento con el coche, es buenísimo. Y está orgulloso por disponer del poder económico para comprarlo. Se siente bien, esto es bienestar.*
>
> *Un hombre conduce su nuevo Ferrari por la carretera. Está contento con el coche, es buenísimo. Y se siente agradecido y afortunado por poder tener un coche así. Se encuentra emocionado, esto es felicidad.*

Como veremos más adelante, para ser feliz el hombre tiene que estar enamorado de su coche, contemplar su belleza sin más. Y sentirse agradecido por la mera fortuna de poseerlo, de haber tenido unos padres y unos estudios, por haber nacido en el primer mundo y por estar vivo para verlo.

La salud mental está enfocada al placer/bienestar y a la adaptación satisfactoria. La diferencia con la idea de felicidad viene dada por la imposibilidad de mantener continuamente las situaciones de placer/bienestar y de adaptación satisfactoria. El bienestar se esfuma en cuanto vuelve a surgir el estrés inevitable producido por enfermedades, pérdidas, engaños, desconfianza, envidias y muchos otros ingredientes de la vida. La sensación de adaptación satisfactoria desaparece en cuanto surgen situaciones cotidianas de competición, injusticia o comparación con otras personas. Esta continua persecución de los estados de bienestar y de adaptación satisfactoria nos impide dejar de pelearnos, de quejarnos, de reivindicar o de sentirnos desafortunados. Un estado que, en global, podemos llamar infelicidad. Un estado que podemos arrastrar toda la vida aunque poseamos todos los requisitos biológicos, psicológicos y sociales para encontrarnos bien y mentalmente sanos.

Los tratados de salud mental no hacen referencia a aspectos del acontecer humano que no se consideran «científicos». En estos libros hablamos de impulsividad, autoestima, tolerancia a la frustración, regulación de las emociones, control de los impulsos, paranoias, empatía, afrontamiento del estrés y otros términos que son medibles y que se explican por los mecanismos psicológicos y neurobiológicos de la mente y el cerebro. Pero no hablamos de otros fenómenos psíquicos complejos, que los filósofos denominarían «facultades morales», porque no son considerados como naturales o psicológicos por la comunidad científica. Vivencias y actitudes como la aceptación, la honestidad o la sinceridad, la compasión, el altruismo, la humildad, la paciencia, la obediencia, el sacrificio y varios otros no se contemplan en los tratados científicos de salud mental, porque se consideran ligados a culturas particulares o a doctrinas precientíficas. Tampoco se habla en estos libros de la importancia de los símbolos humanos, como la paternidad, la fraternidad, la confianza o fe, la justicia, la mortalidad, la autoridad, lo universal o lo sobrenatural. Todos estos son fenómenos presentes en el ser de una persona y, aunque no se conozca su relación directa con la producción de bienestar o el empoderamiento social, esto es, con la salud mental, van a repercutir en ese estado inexplicable que llamamos «felicidad».

Vías humanísticas hacia la felicidad

Las ayudas y las guías para mejorar la salud mental son válidas para enseñarnos a mejorar nuestra relación con el mundo natural. Nos permiten manejar mejor nuestras emociones e impulsos, además de la relación con los demás; consolidar la identidad, sacar partido a nuestras capacidades y controlar el estrés en general. De esta manera, nuestra salud mental estará en mejores condiciones para alcanzar el bienestar psicológico y para funcionar con más eficacia en el entorno.

Pero tener una buena salud mental no nos hace sentirnos felices de forma automática. Es sin duda una ayuda importante, pero no es la felicidad. Porque, aunque estemos sanos, aún quedan aspectos muy importantes de la existencia humana no manejables científicamente por la psiquiatría o la psicología, ya que el pensamiento científico-natural no puede explicarlos. Sin embargo, aunque esto sea así, estos aspectos de la existencia siguen estando ahí: el sentido de la vida, la conciencia y la actitud ante la muerte, el origen de los comportamientos éticos, la conformación de los valores morales, el sentimiento de angustia ante nuestro ser finito y otros más que afectan a nuestra forma de sentirnos en el mundo.

Desde la filosofía, la antropología y la literatura he rescatado algunas facultades del comportamiento humano que no están en los estudios de las ciencias médicas y psicológicas, pero que sin duda se encuentran ligadas a lo que los humanos entendemos como felicidad. En los apartados siguientes veremos y analizaremos algunas de ellas, que podríamos llamar también «actitudes humanísticas» o «virtudes», que son específicamente humanas, más allá de nuestra parte puramente animal, y que tanto la historia como la práctica clínica me han enseñado que contribuyen al acercamiento de las personas al sentimiento de felicidad. Y utilizo de manera deliberada el término «acercamiento» en lugar de «consecución», porque el sentimiento permanente de felicidad es seguramente imposible. El ser de las cosas que nos rodean está en continuo movimiento, con pérdidas, agresiones e injusticias incluidas. Por lo que es imposible pensar en un estado placentero continuo, salvo que uno se encuentre drogado.

Por ello, quizá debamos contemplar la felicidad como una actitud ante las cosas más que como un estado emocional o espiritual agradable todo el tiempo. Ser feliz como una intención de afrontar las situaciones con una actitud feliz. Y con independencia de las opiniones de los filósofos y pensadores, una actitud feliz es la que nos hace sentir bien de verdad aun en las situaciones más difíciles.

Ya lo sé, es absolutamente paradójico e irracional. Pero ocurre.

Todas estas virtudes tienen una naturaleza que el médico alemán Viktor von Weizsaecker definiría como antibiológicas o antiinstintivas, porque parecen ir en contra de la lógica natural de la supervivencia y el placer. Él recordaba que el que un hecho sea antibiológico no significa que sea anticientífico, y la prueba empírica la encontraba en las figuras del héroe o del mártir, que dan su vida por otros. En ciertos casos podremos comprobar que algunas de estas vías hacia la felicidad están en contraposición con los modelos de salud mental científicos y sociales. Y es verdad. Admito que, en algunas ocasiones, la persona tendrá que optar entre los consejos recibidos por algún profesional de la salud mental y las también llamadas vías humanísticas hacia la felicidad.

En todo caso, intentaré demostrar que estas últimas no se encuentran tan alejadas del pensamiento psiquiátrico y psicológico como se cree.

Aceptación

> *Ev. tenía cuarenta años, marido y dos hijos adolescentes. Estudió Derecho y trabajaba como asesora en una gestoría. Sus hijos estaban bien en el colegio y tenían buena salud. La relación con su marido era estable, con discusiones dentro de lo normal. Tenía mucha relación con sus padres, ya que era la mayor de cuatro hermanos y estaba muy pendiente de ellos. También se preocupaba por los avances de sus hermanos pequeños, que estaban luchando por entrar en el mercado laboral y a veces agobiaban a sus padres. Ella estaba mentalmente sana, no se le había diagnosticado ningún trastorno ni tenía la sensación*

de haber perdido el control de sus emociones o sus conductas.

Pero a veces cuando estaba sola con sus pensamientos (algo que casi nunca pasaba, porque estaba continuamente ocupada con cosas o inquieta por los asuntos de sus hijos y de sus padres y hermanos), sentía que estaba agobiada, cansada y hasta diría que triste. Todo el día pensaba en el comportamiento de sus hijos, en si tendrían que comer más sano, hacer más deporte, estudiar más, en si debería recortarles más tiempo de móvil, si habrían de aprender otro idioma o empezar a informarse de las mejores carreras para el futuro y cosas así, de forma continua. Cada día recordaba a sus padres que tenían que andar, que debían cuidarse físicamente, que habrían de apuntarse a clases de mayores, que deberían salir más y hablar con gente. Y al final siempre terminaba discutiendo con ellos y acababan todos irritados. Con los hijos le pasaba igual, les recordaba todas las cosas que le preocupaban y encima ellos se enfadaban y la llamaban pesada. Sus hermanos también se irritaban con ella cuando intentaba aconsejarles, por su propio bien, sobre cómo manejar sus caminos laborales y sus relaciones interpersonales.

> *Ev. sentía que su mente estaba sana y que tenía todo lo que se puede pedir, pero de pronto le asaltaba el pensamiento de que si alguien le preguntara si estaba feliz, no sabría qué responder.*

Hay circunstancias en la vida que no se pueden cambiar. Sufrimos incertidumbres, pérdidas, ataques, humillaciones, injusticias o enfermedades que desearíamos que no hubieran ocurrido. Nuestro cuerpo incluso ya tiene de por sí muchos aspectos que no nos gustan, pero que no pueden cambiarse. Vivimos situaciones temporales que no podemos cambiar por el momento y no queda otra que esperar. En resumen, que queramos o no, hay muchas cosas que están fuera de nuestro control y tenemos que aceptarlo, aunque no nos guste. La aceptación no significa estar de acuerdo o contento con lo que hay, sino admitir que por el momento no podemos cambiarlo.

La aceptación es una manera de entender que somos limitados e imperfectos y que el mundo también lo es. Es un modo de comprender que los acontecimientos no están siempre bajo nuestro control, pero que la forma en la que estos sucesos nos afectan sí que depende de nosotros.

Los hijos necesitan una supervisión de su vestimenta y de sus estudios, unas normas y unos límites en su comportamiento, y un apoyo para ir encauzando su futuro. Pero el resultado de sus vidas no dependerá de nosotros, como pensaba Ev., la mujer del caso clínico. No podemos supervisarlos todas las horas del día, se enfrentarán a incertidumbres y a acontecimientos inesperados. Ev. tenía que aceptar, si quería sentirse mejor, que muchas cosas podían pasar porque sí, tanto buenas como malas, y no iban a ser responsabilidad suya. Sentirse feliz conlleva también aceptar que pueden pasar cosas desagradables y surgir problemas que nos causarán mucha angustia y que no podremos evitar, pero sí estar preparados para cuando ocurran. Si Ev. consiguiera aceptar esto, podría confiar en que todo saldría adelante de una u otra manera, podría acompañar siempre a sus hijos y familiares, para que no se sintieran nunca desamparados, pero sin agobiarles ni irritarles. La aceptación supondría una liberación para Ev., para sus hijos y para sus familiares y, cuando efectivamente se produjo a través de la psicoterapia, mejoraron tanto su ánimo y afectos como los de sus hijos y familiares.

La aceptación es el momento en el que dejamos de luchar contra la desgracia que nos ocurrió y es ya inevitable o imborrable. Pero es también cuando estamos listos para decidir que ello no va a amargar negativamente nuestras vidas. Es el momento en que aceptamos que no nos dieron ese puesto deseado en el trabajo, pero que vamos a dejar de lamentarnos y a luchar por otro. Es cuando asumimos que alguien abusó de nosotros, pero que no permitiremos que deje además una sensación de vergüenza permanente en nuestras vidas. La aceptación significa también asumir que no somos culpables ni responsables, que fue el azar o el error de otros el que causó el daño. E incluso si cometimos errores objetivos, la aceptación de estos como parte de nuestra imperfección humana nos permitirá rectificar y aprender de ellos para futuras ocasiones, pero no nos mortificaremos permanentemente por ello.

Aceptar no es lo mismo que perdonar ni que aguantarlo todo. Es encarar la realidad de frente, aunque sea desilusionante o dolorosa. A veces hay que aceptar que una persona no es lo que nos habíamos imaginado de ella, y ello puede conllevar que nos alejemos de ella o que aprendamos a tratarla de otra manera. Muchas veces, los seres queridos no son del todo como nos gustaría, pero si aceptamos que tampoco nosotros somos ningún ideal para el otro quizá podamos relacionarnos mejor con ellos y con menos exigencias. Las personas que no aceptan lo que no se puede cambiar están abocadas a la amargura y a la obsesión estéril. El mundo está lleno de personas infelices que no asumen los errores del pasado, las pérdidas de seres queridos, las desgracias padecidas, los defectos de la gente a la que estimamos, el propio envejecimiento o la misma certeza de que algún día moriremos.

Desde el punto de vista clínico, la cuestión sería cuándo es mentalmente sano llegar al momento de la aceptación, pues esta es un mecanismo mental que se aplica solo a lo que es inevitable o inmodificable. Por ello es muy importante el discernimiento de lo que no puede cambiarse y de aquello que sí, aunque lo parezca. Porque la supuesta aceptación de lo que sí es evitable es una resignación, una rendición prematura y se vivirá para siempre como una frustración.

La aceptación verdadera de lo que no se puede cambiar constituye una liberación, aunque tenga que doler antes y haya que llorar mucho, y finalmente se vive como un renacer. Pero el punto y el momento para ello no es igual para todos, cada persona tiene sus cualidades y sus propias circunstancias. El tiempo que alguien debe tardar en aceptar una pérdida, que su pareja es una persona maltratadora o que los hijos se hacen mayores y ya no tenemos influencia directa sobre ellos, es una cuestión muy personal. Y no hay ninguna guía de salud mental para ello, aunque seguro que sí existen muchas opiniones al respecto, tanto de nuestros seres cercanos como de profesionales e ideólogos. Pero es seguro que el camino de la aceptación es el único que a menudo tenemos para salir de la infelicidad.

> *Una persona con tres hijos es capaz de aceptar que no puede abandonar su trabajo, aunque su jefe sea una persona desagradable, mientras que otra con menos cargas familiares puede arriesgarse todavía a buscar otro empleo. Unas personas deciden aceptar los defectos de su pareja y buscar los puntos de encuentro, mientras que otras no los asumen y luchan continuamente por cambiarla. También algunas aceptan que los defectos de su pareja son inevitables y deciden separarse de ella.*
>
> *Ciertas personas deciden aceptar que sufrieron una violación y que fue inevitable, mientras que otras no lo hacen y seguirán pensando en cómo podrían haberla evitado y se sienten culpables y avergonzadas por ello. Un opositor acepta que suspendió el primer ejercicio, tras lamentarse durante dos semanas de llantos en las que negó sus capacidades para enfrentarse a esta oposición. Tras asumirlo, comenzó a prepararse para la siguiente convocatoria.*

La aceptación de la existencia de la desgracia o de la injusticia que hemos sufrido no es una rendición. Al contrario, puede ayudarnos incluso a luchar contra las injusticias o a denunciar o perseguir a los responsables del daño. La aceptación solo supone el final de la lamentación y de la autocompasión, no es una rendición resignada y conlleva siempre un compromiso de mejorar nuestra situación. Aceptamos lo que nos ocurrió, pero no consentiremos que esto tenga consecuencias permanentes en nuestra vida y nos pondremos de inmediato a mejorar. Hay muchas cosas en las que podemos aplicar esto en cada momento: el deportista derrotado corrige su entrenamiento, los padres mayores aprenden a vivir de otra manera al independizarse los hijos, las personas que sufrieron abusos empiezan a reconocer sus cualidades y potencial al aceptar lo que pasó y abandonar los sentimientos de culpa, vergüenza y rabia.

La vida, en efecto, supone una aspiración permanente de mejoría, como vimos en un apartado anterior hablando de la salud mental. Pero debemos aceptar nuestras limitaciones y las de los demás para acercarnos a la felicidad. Esto nos aleja del egocentrismo vanidoso y también de la aspiración a controlar en exceso las vidas de los demás. Nos ayuda también a querer mejor aquello que deseamos de verdad. También nos sirve para querer mejor a nuestros familiares, compañeros de trabajo, casa, animales e incluso profesión.

Pero aceptar lo imperfecto nos puede ayudar también a desmontar el ideal de cosas y de personas que nos están amargando la vida, ya sea una relación de toxicidad, una carrera universitaria o un objetivo laboral, y con esto a deshacernos de ellos.

También existe lo que llamaré la falsa aceptación. La felicidad que da la aceptación solo se produce si existe verdadera convicción de que aquello que asumimos es inevitable e inmodificable. Cuando un estudiante acepta que no puede aprobar todas las asignaturas del curso porque quiere combinar los estudios con mantener su grupo de música podrá sentirse bien, aunque tenga que repetir algunas materias. Por el contrario, el alumno que se rinde por desmotivación o por falta de confianza en sí mismo, sabiendo íntimamente que podría estudiar más, se sentirá frustrado por no pasar de curso.

La aceptación injustificada es una causa de infelicidad e incluso de trastornos mentales. Algunos jóvenes asumen falsamente su incapacidad para estudiar o trabajar, cuando en realidad tienen un miedo patológico al fracaso. Ciertas personas aceptan falsamente el maltrato de su pareja por el pánico a un posible abandono.

Por el contrario, la aceptación de lo inevitable es un acto valiente, eleva la moral de las personas y sirve a menudo como ejemplo de gallardía ante los demás. Quien asume esto deja de mirar atrás y emprende un camino de mejoría y crecimiento. La aceptación de nuestras limitaciones disminuye el egocentrismo y el ensimismamiento y nos prepara para vivir felizmente hacia los demás.

Contemplación

Contemplar significa abrirse a la belleza de las cosas. Nada tan fácil como eso y nada tan difícil de conseguir para los humanos.

Los humanos no parecemos estar hechos para disfrutar de las cosas en sí mismas, tal como son, sino para transformarlas. Algunos interpretan que en el Génesis el hombre recibió de Dios la facultad de transformar el mundo. Pero otras versiones enmiendan la anterior y afirman que Dios le encomendó la tarea de contemplar y de cuidar, no de transformar el mundo. Cuidar frente a transformar ha constituido la dualidad existencial histórica más importante del ser humano.

Contemplar es mirar sin transformar, sin intervenir. Pero parece que los hombres estamos abocados a poner nombres y etiquetas a las cosas (y a las personas). El filósofo Heidegger, en el primer tercio del siglo xx, señalaba que los seres humanos convertimos a las criaturas en entes poniéndoles nombres a todas. Y no solo a las cosas y a los animales, sino también a los propios hombres, hasta transformarnos también en entes. Al poner un nombre creamos una idea propia de las cosas y también de las personas, que se convierten en una representación en nuestra mente. Esta imagen descansa fundamentalmente en aquello que nos aportan. «Una piedra afilada me sirve para cortar, el fuego calienta, una flor adorna, un perro me cuida la casa».

Y por la misma razón, al convertir a las personas en entes, quizá pensemos íntimamente «una pareja debería darme…», «un hijo tendría que…», «un alumno debe cumplir estos objetivos…». No es ninguna exageración, Heidegger señalaba nuestra obsesión por transformar a los seres en entes, con una forma y una función fijas.

Esto puede parecer una calentura filosófica que me ha dado en este momento, pero les advierto que tiene una importancia crucial en las relaciones interpersonales y en la maduración de las personas. Me explico.

Los entes o cosas tienen una forma y una función. Por tanto, como entes que somos para el resto de los hombres, parece que debemos tener una forma aceptable y una función adecuada. Y si somos gente con expectativas altas, debemos tener una forma perfecta y una función especial y muy cualificada. La gente no nos va a contemplar sencillamente, sino que nos mirará para evaluar si tenemos la forma y la funcionalidad adecuadas.

Sin embargo, cuando de verdad contemplamos a alguien, captamos su risa, su mirada, su gracia al andar, su dificultad o su talento hablando. Sencillamente, lo saboreamos con todas sus características. Por el contrario, cuando miramos a alguien como un ente, lo medimos y comparamos, lo cosificamos, y por eso las personas están obsesionadas con la perfección y con la comparación. Cuando miramos a un hijo de esta manera comparativa, el hijo se sabe observado de esta manera comparativa.

Y el filósofo también desvelaba nuestra histórica obsesión por transformar los entes, tanto las cosas como las personas. Queremos poseer las cosas, pero no siempre para amarlas y contemplarlas. Nos sentimos más vivos transformando, conquistando o corrigiendo los entes que contemplando meramente su belleza. Cortamos la rosa y la llevamos a casa para que adorne nuestro jarrón y muera allí. Y a veces queremos transformar los entes (personas o cosas) solo para acomodarlas a nuestros gustos y utilizarlas, pero en otras ocasiones es también para satisfacer nuestra necesidad de controlar y manipular, de sentirnos dueños.

Tras estas disquisiciones debemos tener claro que la lucha por transformar las cosas y las personas es estéril e interminable. Acaba con las cosas y cosifica a las personas, y aboca sin duda a la infelicidad. La obsesión por utilizar y transformar nos ha llevado a perder la facultad de disfrutar de ellas. No sabemos estar sin ocuparnos o sin «pre-ocuparnos» de las cosas. Nos cuesta infinitamente contemplar el transcurrir de los acontecimientos normales de la vida y creemos que tenemos que intervenir en todo. Quizá esto suene muy filosófico, pero es algo que nos afecta en la práctica de nuestra vida diaria, como veremos ahora.

Nos cuesta contemplar cómo transcurre el crecimiento de nuestros hijos, y nos preocupamos continuamente por adelantarnos a posibles errores o desviaciones, mostrando una inseguridad ansiosa e irritable que les transmitimos a ellos. Nos cuesta contemplar lo que supone que una persona nos quiera y desee ser nuestra pareja. No contemplamos la belleza de muchas cosas que nos rodean, ni la bondad de muchas personas con las que nos cruzamos, ni siquiera la obra que hacemos con nuestro trabajo, ni a nosotros mismos con nuestro interior y nuestros sentimientos. Estamos siempre preocupados o evadidos. Aunque se nos ha dotado con la facultad de contemplar, por fuera parecemos como hormigas que corren, solo que un poco más complejas: hacemos cosas y andamos sin parar.

Pero contemplar es una facultad específicamente humana, que no produce un placer intenso, pero sí una gozosa sensación de felicidad. Se trata de mirar sin enjuiciar, sin intentar poner un nombre a la situación, sin esperar nada. Es acompañar sin hacer nada más y disfrutar de la belleza que emana de las cosas y de las personas sin pedirles nada. No hay triunfo en ello ni opinión ni, en definitiva, ego. Contemplar es observar el mundo como lo vemos cuando miramos con ternura unas fotos antiguas de nuestros seres queridos o de nuestros paisajes preferidos. Vemos toda su belleza sin pedirles nada y sentimos una dicha interior que resuena a felicidad profunda. En la vida real no es tan fácil como en el ejemplo de las fotos, pero si lo intentamos cada día, viviremos más momentos felices.

La contemplación reduce el sentimiento de vacío, de avidez, de necesidad continua de más bienes y más consumo, porque no se guía por la consecución. Una vez hemos logrado la rosa, nos olvidamos de ella y ya estamos pensando en otro anhelo y otra necesidad. Una vez hemos conseguido un viaje o una casa, pasa al plano de lo alcanzado, de lo no necesitado, y ya sentimos el anhelo de un viaje exótico o de una casa más grande. La anti contemplación propia de nuestro tiempo ha quedado institucionalizada por la cámara de fotos de los teléfonos móviles. Miles de personas se apropian de los entes en su inmenso archivo de fotos, sin ni siquiera haberse parado unos minutos a contemplarlos tranquilamente. Las cosas-fotos están ya conseguidas, ahora necesitamos hacer más.

Contemplar nos permite disfrutar de las personas tal como son sin pedirles todo el tiempo más ni intentar cambiarlas para nuestro gusto. Mediante la contemplación podemos ver a la persona amada en su ser interior, sin poder siquiera explicarlo, y fusionarnos con ella. La contemplación nos hace sentir dichosos. Y la contemplación asombrada de las personas hace además que ellas se sientan miradas y queridas. Y esto es un estado de felicidad que va más allá de la salud mental. La felicidad, como diría Platón, es conexión con la belleza, que solo se ve cuando se contempla.

Humildad

No existe ningún tratado de psiquiatría o de salud mental que proponga la humildad como un mecanismo mental sano. Por lo general, las guías fomentan la competición, la constancia en la lucha por el éxito, la satisfacción por los logros conseguidos, la sensación de empoderamiento y de engrandecimiento y el orgullo de estar entre los primeros.

Es muy improbable que una guía de salud mental recomiende la humildad. Esta significa capacidad para humillarse, para hacerse pequeño aun sin necesidad, aun siendo grande. La humildad no implica sumisión ni miedo, ni tampoco es sinónimo de pobreza. Es poder estar por debajo de otros aun siendo capaces de estar por encima. Significa llegar el último voluntariamente, aunque se puede ser el primero.

La humildad es una auténtica aberración del concepto actual de salud mental. De hecho, no es una virtud recomendada por la mayoría de las civilizaciones históricas de nuestro entorno europeo, aunque sí por las religiones orientales. Ni en la Grecia clásica y mucho menos en Roma era considerada un camino a la felicidad. Solo algunos filósofos atípicos y atrabiliarios como Sócrates o Diógenes (el que vivía en un tonel de vino) tuvieron actitudes y enseñanzas cercanas a la humildad. Platón y Aristóteles ensalzaban la honestidad y la discreción, pero no hasta el punto de la humildad. Y en la conquistadora Roma, la arrogancia era vista como atractiva en los generales, pretores y senadores, y era el reflejo de una vida rica y virtuosa. El cristianismo desvela la humildad como una virtud que conduce a la felicidad: «Los últimos serán los primeros». «El que se hace pequeño se engrandece, el que se ensalza se empequeñece». El Maestro Jesús les lavó los pies a sus discípulos, que no podían creer lo que estaba haciendo y apenas pudieron soportarlo por la vergüenza que sintieron (y no precisamente por su humildad), aunque tras su muerte lo entendieron y empezaron a practicarlo y a propagarlo por el mundo. La humildad estaba contenida en el judaísmo del Antiguo Testamento, aunque no la practicaba nadie. Más o menos lo mismo pasó al cabo de los años con los cristianos, aunque sí hubo muchos ejemplos entre ellos de actos de humildad.

Esta cualidad es un misterio que, en apariencia, solo con fe en un premio en la otra vida tendría sentido. Pero lo cierto es que empíricamente parece ser una de las virtudes que acerca a las personas a la felicidad, y que siempre ha habido gente con humildad que suele estar feliz. El cristianismo no la inventó, ya existían personas humildes previamente, que aparecen en muchas historias. Tan solo la sacó de la marginalidad y de la vergüenza, y la señaló como la mayor de las virtudes. Como mostraba Herman Hesse en su libro *Siddhartha*, el personaje homónimo (es decir, Buda) solo encontró el descanso feliz en el cultivo de la humildad, al pasar de ser príncipe a tan solo un barquero que ayudaba a la gente a cruzar el río.

Pero esto también tiene su parte de explicación psicológica. La persona que es capaz de hacerse pequeña se desposee de su yo y queda con ello liberada de la preocupación por las miradas y los juicios de los demás. La persona humilde es dueña de su humildad y de sí misma. Por el contrario, los orgullosos y ostentosos son esclavos de los demás, de sus halagos o de sus críticas, y parecen por lo general poco felices. Como vemos, la humildad es un acto voluntario del sujeto, que se realiza incluso contra la tendencia natural humana de sentirse grande, esto es, la vanidad. Por el contrario, esta surge automática e involuntariamente de nuestro ser: nos arrastra, pero no es un acto voluntario.

Como ocurre con otras actitudes o virtudes que pueden acercarnos a la felicidad, la humildad conlleva una renuncia al placer, en este caso del triunfo, y una acción contra instintiva, que pasa por encima de las pulsiones corporales y proporciona al sujeto una sensación inexplicable de libertad. Gandhi supo sin duda ser humilde, pero seguro que conocemos también algunos como él entre nuestras personas cercanas.

La humildad no tiene nada que ver con la timidez o con la evitación del peligro, sino que es una opción voluntaria y valiente, por la que una persona se hace pequeña o se aparta sin tener la necesidad de hacerlo.

Una persona puede decidir no hacer ostentación de sus bienes, de su poder o de sus méritos ante los demás, renunciando a recibir un trato de preferencia o a los halagos que pudieran derivarse de ello. Otra persona decide callar parte de lo que sabe para no dejar en mal lugar al buen compañero que está hablando en ese momento.

La persona humilde calla lo que sabe o se empequeñece ante los débiles y los justos. Pero ante el déspota o el agresor se mantiene firme. La humildad no es en absoluto cobardía, es franca valentía.

Y también, como ocurría con otras virtudes, existe la falsa humildad.

Cuidado con ella, es la pseudohumildad de aquellos que muestran ante los demás que no se estiman nada a sí mismos y que no se creen merecedores de nada. La falsa humildad esconde un orgullo desmedido y muestra una imagen servil para atraer la admiración de las personas. Es una forma de egocentrismo invertido que busca la notoriedad y el triunfo social; es decir, todo lo contrario a la humildad, que cuando es verdadera, no hace nunca ostentación de sí misma. Nadie puede presumir de ser una persona humilde, es una contradicción.

Honestidad

La honestidad es una especie de virtud general que define la facultad de tener unos principios morales y ser fiel a ellos. La persona que la ejerce cree en unos principios que le parecen ajustados a la verdad y al conocimiento. y guía su conducta conforme a ellos. La honestidad no es una obediencia pura a las leyes, que con frecuencia son injustas. Implica la fidelidad a los principios morales y la sinceridad con respecto a los demás en cuanto a ello.

La honestidad no está recogida tampoco en las guías y recomendaciones de salud mental, las cuales no recomiendan ser sinceros y honestos en las relaciones. Tan solo hablan de tener una comunicación abierta de las emociones y de fomentar las habilidades sociales. Entre estas últimas están también las que se necesitan para convencer al otro, pero no dicen nada de no utilizar el engaño para ello.

Los comportamientos honestos proporcionan al individuo un sentimiento de seguridad y de paz, y van por lo general en contra de las tendencias egoístas y de la opinión de las personas cercanas. Existen múltiples ejemplos de conductas honestas y todas ellas tienen en común que son voluntarias y actúan contra la tendencia de búsqueda directa del placer.

> *Un dependiente de unos grandes almacenes entrega a la policía una cartera perdida con mucho dinero dentro. Una deportista renuncia a tomar drogas para mejorar su rendimiento, una persona con pareja renuncia a tener una relación romántica con alguien que le atrae mucho, un empresario reconoce los esfuerzos extraordinarios de un empleado y le premia de alguna manera.*

La honestidad es reconocida muchas veces por los demás como ejemplar, pero también ocurre al contrario. A la persona honesta con frecuencia se la tacha de estúpida por el entorno más cercano, que le dice: «Todo el mundo se habría quedado con el dinero o habría cometido una infidelidad». O: «Los empleados ya cobran suficiente por su trabajo». Como veremos con todas las demás facultades morales, son mucho más apreciadas en abstracto, cuando las ha tenido alguien lejano a nosotros. En los entornos cercanos pueden producir incluso rechazo porque cuestionan las tendencias egoístas de nuestros amigos. Por ello, la conducta honesta es también muy personal y produce una sensación de libertad. Esta virtud tiene una naturaleza paradójica, porque el sujeto decide someterse a unos principios (aunque sean los suyos), pero esto le acaba produciendo un sentimiento de libertad y de paz.

La honestidad tiene que ver con la sinceridad y con la búsqueda de la verdad. No hay que confundirla con la conducta sumisa, con la que nos plegamos a unos principios que nos parecen injustos solo por el miedo al castigo. Esta última tiene como base el miedo; podríamos decir que es una conducta cobarde, lo que lleva a las personas a la frustración, el resentimiento o el autodesprecio. Por el contrario, la honestidad es una actitud guiada por la fidelidad a unos principios propios y es valiente porque se enfrenta a la crítica de la gente más cercana.

Un profesor universitario decidió que no podía aprobar a un político de alto nivel por no haber asis-

> *tido a las clases, igual que hacía con los otros alumnos, con el consiguiente hostigamiento por parte de las autoridades.*

Hay que ser muy firme para pasar por encima de las críticas, ya no solo de los de arriba, sino también de amigos y familiares que nos hacen dudar de si estamos siendo honestos o, más bien, bobos. No hace falta decir que para poder ser honesto hay que tener primero unos principios bondadosos. Y un inciso para recordar que los principios o creencias no vienen dados en el nacimiento, sino que hay que cultivarlos y desarrollarlos, por lo que tener principios dependerá mucho de la educación recibida y del aprendizaje social.

La honestidad también tiene un doble filo por culpa de este asunto de los principios. La excusa de los principios de obediencia debida al mando, a la patria o también a los ideales igualitarios se ha utilizado históricamente para presentar como honestas conductas criminales y malignas. Por ello es importante entender que no todos los principios son igual de buenos en el camino a la felicidad. Algunos conllevan ideas de humanidad, equidad o apoyo a los desfavorecidos, y están basados en la renuncia a lo individual en favor de la comunidad. En el lado opuesto, otros principios defienden ideas de superioridad grupal (de clase o de etnia), de individualismo, de dominación o violencia, y están asentados en el predominio de la satisfacción individual e instintiva.

La honestidad no admite principios inmorales que racionalmente no sean compatibles con la ética humana. Y, no nos engañemos, aunque no creamos en ningún Dios, existe una ética racional, bien formulada por el filósofo Kant en el siglo XVIII, que todos comprendemos. Una ética teórica que exige guiarse por principios universales que nos aplicaríamos también a nosotros mismos. Y una ética práctica que nos pide tratar a los demás como querríamos ser tratados. Una persona solo está siendo honesta cuando su conducta se guía por principios ajustados a la ética. Y solo desde esta posición se puede aspirar a la añorada felicidad.

Alguien podría argumentar que los principios totalitarios, racistas y nacionalistas dieron lugar a grandes momentos de felicidad y triunfo en sus seguidores. La réplica vendría por la diferenciación entre *felicidad* y *euforia*. Esta última es un momento de gratificación individual intensa, basada en un sentimiento de grandiosidad, que ocurre en momentos de triunfo individual o colectivo. Puede aparecer por igual al ganar un campeonato de tenis, si tu selección gana un mundial de fútbol o incluso ha surgido a menudo ante las victorias militares de tu país. No se puede negar que estos son momentos de exaltación de la felicidad, pero es impensable una vida feliz basada en momentos de *euforia*. Esta sensación suele ir acompañada de la infelicidad del otro y, como enseña la psiquiatría, después de ella viene el bajón anímico de la vuelta a la normalidad. Se puede ser muy feliz al ganar un partido, pero conviene evitar la grandiosidad si no queremos estrellarnos más tarde.

¿Son felices los psicópatas narcisistas (los más deshonestos de todos)? A juzgar por los comentarios que se hacen sobre ellos en los libros más de moda, parece que estos son sujetos que disfrutan de las relaciones de control y de explotación de los demás sin grandes resentimientos. No se les suele considerar infelices. Muchas personas son deshonestas y se engañan un poco en sus trabajos, sus relaciones de pareja y la vida social, y parece que no les va mal. De hecho, no hay nadie perfecto, todos hemos sido deshonestos en alguna ocasión. Pero es un hecho comprobado que la acumulación de deshonestidades y de engaños va oscureciendo con los años el mundo psíquico interior y lleva al individuo a una ansiedad creciente, la soledad interior y la desesperación.

Los manuales de salud mental mencionan como patológico al psicópata antisocial y desalmado, pero no hablan de la honestidad como un factor protector. La salud mental no define si es más sano quien se encuentra con la cartera llena de dinero y se la queda, o el que la lleva a la policía. Lo deja al criterio de los valores de cada uno, de sus necesidades económicas o de la ideología imperante, que, como ocurre por ejemplo con la okupación de casas o con el amasado de grandes fortunas, es a menudo la que decide la salud mental de estas conductas. Pero las ideologías no pueden definir si ese es el camino a la felicidad, aunque lo intentan.

Valentía

Hay que quitarse de la cabeza la idea de que la valentía tiene alguna relación con el arrojo y con las conductas arriesgadas. Vamos a ver que casi hablamos de todo lo contrario a esto.

Es más fácil explicar lo que no es la valentía que definirla, y sé que me va a costar mucho hacerme entender en este punto. Podríamos empezar diciendo que la no-valentía es no hacer o no actuar como creemos que deberíamos hacerlo y sin más razón que el miedo.

Bien, de inmediato habrá pensado el lector que estoy en las nubes e iluminado filosóficamente. Porque, según esta definición, todos debemos ser unos cobardes, ya que hay muchas cosas que no hacemos por miedo a lo largo de nuestra vida. Miedo a perder el trabajo, a dañar a alguien, a que nos maten o lesionen, a que nos pongan una multa, a estropear una velada agradable, a molestar a nuestra madre anciana, a que nos abandonen y muchos más miedos.

Incluso se me podría contestar diciendo que el miedo puede ser práctico, e incluso ser un criterio positivo de salud mental, porque nos ayuda a sobrevivir.

Y es cierto: estoy totalmente de acuerdo. El miedo se caracteriza por una finalidad práctica frente a los peligros y está orientado a la supervivencia. Y cuando una persona tiene miedo posee dos mecanismos biológicos de respuesta al mismo: la inhibición o la acción ante el peligro, que a su vez puede ser acción de lucha o de huida. La elección de una u otra respuesta vendrá determinada por las características del peligro, los rasgos psicológicos de la persona y las circunstancias del momento. No es lo mismo que nos amenace una persona de ciento veinte kilos con un arma a que nos enfrentemos con alguien más pequeño que nosotros. Tampoco es igual perder un trabajo con cincuenta años y tres hijos que quedarse sin empleo a los veintiocho.

En el cerebro, las situaciones de peligro activan unas zonas emocionales no racionales, el área septohipocámpica y la amígdala, que van a liberar el neurotransmisor serotonina. Estas áreas, a su vez y mediante la secreción de serotonina, inhiben las áreas de la acción y del impulso, llamadas «áreas mesolímbicas», que liberan dopamina. El miedo produce serotonina y esta inhibe la liberación de dopamina, que es la hormona de la acción. Las personas con déficits de serotonina en estas zonas son más impulsivas y reaccionan automáticamente al miedo con agitación, huida o agresión. Pero, en general, la primera reacción natural será la de quedarse quieto y pensar con rapidez. La naturaleza parece ser sabia, al menos en cuanto a la supervivencia (porque para otras cosas no hay quien la entienda), y nos ayuda a no actuar impulsivamente ante el peligro.

Aquí es donde la naturaleza nos ha dotado de unas áreas cerebrales que nos ayudan a preparar nuestra respuesta al peligro y a la amenaza. Son las áreas de la corteza cerebral frontal, que contienen los elementos racionales e inteligentes. Y muy especialmente la denominada corteza prefrontal, que está en la zona anterior del encéfalo, justo encima de las órbitas oculares; allí se analiza en milisegundos esta información y se pone en el contexto de nuestras historias, personalidad y circunstancias.

Ante un ataque por parte de unos delincuentes en la calle, la corteza prefrontal analizará:

1. ¿Cuántos son, cuál es su tamaño y su fuerza?
2. ¿Cuál es mi fuerza y mi entrenamiento para la lucha?
3. ¿Qué ha pasado otras veces, qué posibilidades tengo de salir victorioso?
4. ¿Qué tengo yo que perder (familia, proyectos) y ellos?
5. ¿Qué dirán los demás ante mi reacción, sea la que sea? ¿Qué pensarían mi padre, mi madre o mis amigos?
6. ¿Hasta qué punto están dispuestos estos tipos a llegar hasta el final? ¿Cómo reaccionarán si me pongo agresivo? ¿Seré capaz de asustarlos?
7. ¿Qué es lo correcto en estos casos? ¿Qué dicen mis valores, mi cultura, mi Dios? ¿Debo arriesgar la vida por dinero? ¿Debo permitir una humillación como esta? ¿Debo mostrarles que no estoy apegado a los bienes materiales, entregárselos pacíficamente y devolver bien por mal?

Como vamos viendo, la corteza prefrontal evalúa muchas cosas en segundos. Algunas tienen que ver con los aspectos prácticos de la situación peligrosa (de la pregunta 1 a la 4). Otras se relacionan con mi imagen y con la que tenemos del agresor (preguntas 5 y 6). Y otras, incluidas en la pregunta 7, tienen que ver con lo que llamamos valores superiores, como la ética universal y las creencias trascendentales. En este punto ya estamos todos de acuerdo en que la valentía a la que me estoy refiriendo en este libro se encuentra en estas áreas prefrontales.

El ataque o la amenaza en sí son hechos externos que no podemos evitar. Pero la respuesta valiente depende de nosotros y será aquella que se ajuste a nuestros valores y a nuestra visión de lo correcto. La valentía no será una reacción instintiva de rabia ni una actitud arrogante, sino un acto personal basado en nuestras convicciones, que pueden ser de lucha, de diálogo o quizá de silencio. Como el resto de las virtudes mencionadas, estará siempre guiada por el sentido de hacer lo correcto y de buscar el bien, y a menudo será contra-instintiva. Y muchas veces los demás no la entenderán o incluso la tacharán de cobarde.

Las amenazas en los animales son sencillas: la presencia de un depredador (a veces, el hombre), de un macho dominante o de un fenómeno natural, como un alud o un terremoto. La respuesta es igual de simple y, por lo general, refleja y automática: ante el peligro se quedan quietecitos y escondidos, o salen huyendo o atacando. La reacción final suele depender del tamaño y de la fuerza de los animales amenazado y amenazador.

Pero, en el caso del hombre, las amenazas parecen ser más complejas, al menos a primera vista. No siempre suponen la pérdida de la vida, como en los animales. La mayoría de las amenazas y peligros en el hombre tienen un significado social. Y, salvo la de perder el empleo, que puede afectar a nuestra capacidad de supervivencia, la mayoría de ellas ponen en peligro nuestro ser social. Tememos que se frene nuestra carrera profesional, que el grupo nos rechace, que nos derroten en una competición o que nos abandone una persona amada. Todos estos temores pueden hacer que se inhiban algunas conductas o se callen ciertas opiniones. Es decir, que, por temor a perder nuestro estatus social, nuestra aceptación por el grupo o a nuestras personas queridas nos contenemos de algunas acciones. No tememos solo perder nuestra vida, como la gacela frente al león, sino también poner en peligro ser alguien, nuestros vínculos e imagen. Y tener miedo no es extraño ni malo, al contrario, es la base de la maduración y de lo que Freud llamaba «el principio de realidad»: la realidad y las consecuencias de mis conductas son las que regulan estas mismas.

Existe una compleja relación entre el miedo y la valentía.

Como acabamos de ver, hay muchas situaciones peligrosas de la vida en las que la naturaleza nos empuja a inhibirnos, a quedarnos quietos y a protegernos. Sin embargo, hay personas a las que les gusta sentir el placer del peligro y juegan con ello, y se entregan a actividades deportivas de mucho riesgo, o se ponen a torear un animal de quinientos kilogramos. Pero con estos ya abriríamos otro capítulo, que es el de la búsqueda de excitación y sensaciones fuertes, en el que están implicadas otras conexiones cerebrales y fenómenos psicológicos distintos a los del miedo. De momento dejaremos este capítulo aparte, aunque sí adelantaré que este tipo de actitudes, pese a ser muy arriesgadas, no tienen nada que ver con la valentía vital de la que estamos hablando y que puede acercarnos a la felicidad.

La valentía no consiste en hacer cosas arriesgadas ni en ser temerario, sino en pasar por encima del miedo para hacer lo que consideramos correcto y bueno para todos. Con ello subrayo que la valentía tiene siempre que ver con un servicio a los demás, y no a uno mismo. Cuando una persona decide callarse valientemente su opinión en el trabajo, lo hace por sus hijos o por sus compañeros, y además es consciente de que esa es la razón de su comportamiento. Si alguien decide pelear contra un agresor para defender la vida de otros está siendo valiente. Pero también lo es el que decide no pelear y darle su dinero al asaltante pensando en que no puede arriesgarse a dejar a sus hijos huérfanos por defender unos bienes materiales.

Y es que la valentía en los humanos conlleva a menudo tragarse el propio orgullo y el miedo a perder la imagen de corajudo ante los demás. Es una paradoja, pero ocurre así realmente. Cuando somos valientes, ponemos en riesgo nuestra vida u orgullo. En ambos casos olvidamos el ego y hacemos lo beneficioso para los demás. La valentía, por tanto, no está en ser temerario o en reaccionar con genio o agresividad a las provocaciones. Esta, tal como la estamos concibiendo ahora, se encuentra en confrontar las amenazas olvidándose de uno mismo y pensando en los demás. A veces, la valentía consistirá en dar un golpe en la mesa y decir basta, pero en otras se trata de aguantar callado y contener la indignación y el orgullo. La valentía no se encontrará nunca en las reacciones impulsivas o explosivas, porque no es un acto reflejo ni automático. En realidad es una actitud pensada y deliberada de la persona, aunque la deliberación haya durado solamente unos segundos. Por ello, cuando somos valientes nos sentimos libres y superamos el miedo a las consecuencias, y ahí está su conexión con la felicidad.

> *Un general que rinde sus tropas maltrechas para evitar que las masacren, un padre que entrega el dinero de la caja fuerte para salvar su vida o la de sus hijos, un empleado que acepta una decisión injusta de sus jefes para mantener el sustento de su familia por el momento: todos ellos están teniendo una actitud valiente, si realmente están convencidos de que hacen un bien general y actúan conforme a lo que consideran correcto. Y esto es así más aún si su respuesta resulta dolorosa para su orgullo e incluso para su imagen. Esto es valentía y acercará a los individuos y a su entorno a la felicidad.*

Entiendo que estas afirmaciones son discutibles y que puede que no se ajusten a los conceptos actuales de salud mental y de respuestas «mentalmente sanas». Porque lo cierto es que las respuestas de «valentía orgullosa» o falsa valentía han tenido más repercusión social y también han conducido a muchos males en la historia de la humanidad. El mariscal Paulus rindió sus tropas en la batalla de Stalingrado en 1942, a pesar de la prohibición expresa de Hitler. Una rendición valiente ante una derrota inevitable, que salvó muchas vidas y le costó a él mismo la degradación y el cautiverio. La Primera Guerra Mundial, y otras más cercanas, estuvieron plagadas de la actitud contraria: generales que mantuvieron por orgullo y por honor batallas sin sentido que produjeron terribles matanzas. No tuvieron la valentía de aceptar la insensatez de la masacre, aunque fuera perjudicial para sí mismos.

La respuesta de valentía es muy personal, y hay que entenderla caso por caso y en cada circunstancia. Pero tiene siempre una cualidad absoluta: no está dirigida hacia el bienestar del yo, del ego, sino todo lo contrario. Ser valiente es actuar correctamente superando el propio miedo, renunciando incluso al propio bienestar (incluido el orgullo) por el beneficio de otras personas. Ya Platón dijo: «La verdadera valentía es una virtud moral, producto del intelecto».

En cada caso, la respuesta será distinta, pero sentida como valiente (no orgullosa) por parte de la persona, y le producirá un sentimiento de paz y felicidad. Muy distinto a la inquietud e irritación de quien no ha actuado valientemente.

Agradecimiento

Esta es una cuestión importante en el estudio de la felicidad, pero tiene muchos peligros que debemos desenmascarar.

Como el resto de virtudes y actitudes morales de las que estamos hablando en este capítulo, el agradecimiento no está contemplado en los manuales científicos de salud mental. Por el contrario, las recomendaciones actuales fomentan la reivindicación de derechos y las reparaciones de agravios como forma de empoderamiento psicológico.

De manera que no va a ser posible colar el agradecimiento como una virtud aceptable en el modelo de salud mental actual, mucho más orientado a la exigencia, la autodefensa y la contracultura.

A pesar de ello, las personas sinceramente agradecidas parecen ser más felices. Esta virtud, al igual que las anteriores, es una actitud, un proceso activo e intencional. Esto quiere decir que no siempre nos surge de manera espontánea. Tenemos que buscarlo y querer ser agradecidos. Es un pensamiento activo.

El agradecimiento no debe ser una postura masoquista, en la que la persona se esfuerza a toda costa en dar las gracias a quien no le ha hecho ningún bien o incluso a quien le está maltratando. Para que el agradecimiento sea auténtico deben existir motivos por los que mostrar dicha gratitud.

Lo que ocurre es que muchas veces las razones por las que podemos estar agradecidos están enterradas bajo un manto de estrés, enfados, resentimientos, envidias, soberbia y autocomplacencia que nos impide ser conscientes de ellas. Muchas de las cosas que son necesarias e importantes en nuestra vida nos han sido dadas, pero ni siquiera nos acordamos de que están ahí. De la misma manera que se nos olvida que llevamos zapatos, y solo lo apreciamos cuando nos los quitamos o se nos sale uno.

Las personas que nos rodean a menudo han significado bastante en nuestro desarrollo vital, en especial nuestros padres y nuestra pareja, y han dado mucho de sí para sostenernos. También en menor medida los amigos y las personas que forman parte de nuestra vida cotidiana, como el portero o el mecánico del taller. En todas ellas encontraremos motivos de agradecimiento si los buscamos.

También somos receptores de unos dones que no nos pertenecen estrictamente, o solo los tomamos como propios porque nos los han regalado. Entre ellos están la vida misma, la inteligencia, la vista o el país de nacimiento. Haber nacido en un país de Europa es digno de agradecer, pero las personas solo nos damos cuenta de ello cuando viajamos a países del África más pobre. Tenemos suerte de tener salud, vista, unos hijos estudiosos o cariñosos, o unos paisajes fantásticos en los que podemos deleitarnos.

Ya sé que me estoy poniendo cursi y sentimental, pero no es mi intención. Como médico y psiquiatra, solamente quiero ilustrar que siempre hay una parte de la realidad que nuestro sistema de pensamiento puede ver como positiva y aprovechar para sentir agradecimiento y felicidad. En parte, esto conecta con la actitud del optimismo que comentábamos cuando describíamos la salud mental, aunque tiene más que ver con la contemplación activa que con la anticipación positiva del optimismo. El optimista mira las partes positivas de las situaciones inconvenientes e intenta sacarles provecho. La persona agradecida intenta además contemplar las cosas, las situaciones y las personas como un regalo, como algo que no merecemos tener pero que se nos ha dado.

La convicción de no ser merecedor de muchas cosas es crucial para desarrollar la actitud del agradecimiento. Muchas personas tienen una elevada sensación de merecimiento. Sienten que se han hecho a sí mismas, que hacen mucho por los demás, que cumplen con todas las obligaciones de su religión y que por ello merecerían estar bien. De hecho, muchas de ellas lo están, porque tienen todo lo necesario y más para ello, pero no se sienten bien. Y esto es precisamente por su continua sensación de merecimiento, que siempre pide más.

Esta última es lo contrario de la actitud de agradecimiento y está enraizada en la existencia de una autoimagen algo grandiosa. Esta clase de personas sienten que han hecho más que los demás y que son poco reconocidas por ello. O incluso que no se merecen tener enfermedades o que les ocurran desgracias, porque consideran que han dado mucho al resto de la gente y que han cumplido todos los preceptos y leyes. Las personas con este carácter pueden resultar verdaderamente insoportables y tienen muchas dificultades para encontrar amigos o parejas estables.

> *H. tenía veinticinco años y todo le iba bien en la vida, salvo el aspecto sentimental y los amigos. Es decir, que solo le iban bien la vida profesional y la salud física. Contaba que era una persona sociable y afectuosa, y que solía caer bien a la gente al principio. Ella era una persona sincera que lo daba todo cuando tenía una buena amiga, pero sentía que no le correspondían devolviéndole la misma lealtad.*

Muchas de ellas incluso acababan dejándola de lado. Algo parecido le había pasado con los dos novios que había tenido: ella se entregaba en cuerpo y alma a la relación, pero sentía que no recibía lo mismo, por lo que se enfadaba y se lo reprochaba continuamente a sus parejas, que al final habían acabado también abandonándola.

H. se sentía triste y enfadada, y empezaba a sentir mucha ansiedad en el trabajo, donde tenía una compañera y amiga a la que ella había ayudado mucho al llegar y con la que se había sincerado como no había hecho antes con nadie. Cuando vino a la consulta, esa compañera parecía mostrarse distante y molesta con ella, y H. no entendía cómo podía ser tan desagradecida. Había acudido a terapia para aprender a manejar sus emociones, para no entregarse de tal manera en las relaciones y para no sufrir tanto por las injusticias de las personas. En definitiva, para aprender a ocuparse más de sí misma que de los demás.

No podríamos encontrar un caso más común y paradigmático de la sensación de merecimiento. Y este no es ni mucho menos de los más graves, pues hay otros casos que pueden llevar a la depresión grave o incluso a la agresión a otras personas. Como vemos, la persona con sentimiento de merecimiento estaba enfadada y dolida con otras personas por negarle algo que creía que debería haber recibido. Esta clase de personas se consideran buenas y generosas, como vemos en este caso en concreto, y tienden a pensar que los demás son egoístas e insensibles.

La presentación como alguien vulnerable, que lo da todo y es sensible a las injusticias es la forma más común de manifestar la sensación de merecimiento. Estas personas parecen tener a primera vista un buen concepto de sí mismas, pues se definen como amables, generosas y justas. Pero debajo hay una autoestima baja que busca desesperadamente la atención y el aprecio de los otros y que nunca encontrará satisfacción suficiente. Y siempre se encontrará dolida y con la sensación de merecer más. Como se puede entender ya, el merecimiento es un sentimiento dirigido hacia el beneficio de uno mismo, pero que produce una gran infelicidad en las personas sensibles, pues nunca llegan a sentirse amadas y aceptadas por los demás.

Pero existe además un tipo de personas con sentimiento de merecimiento y falta de sensibilidad, es decir, que ni siquiera tienen por dentro la necesidad de que los quieran. En todo caso, desean admiración o elogios. Estas personas creen merecer más que los demás porque se sienten especiales, por sí mismas o porque pertenecen a un grupo (religioso, social, racial o de cualquier otro tipo). Este tipo de merecimiento carece en absoluto de autocrítica y es imposible que pueda acudir a la actitud de agradecimiento para reducir su infelicidad.

Pero, ¡atención!, no quiero dejar de hablar del merecimiento sin aclarar que existe uno de carácter maligno, como es el de los casos que hemos visto, ¡pero también hay uno benigno! Es bueno sentir que merecemos que nos quieran por el mero hecho de ser criaturas, que debemos recibir una oportunidad por tan solo intentarlo, aunque antes hayamos fallado. Para una sana autoestima debemos sentir que nos merecemos que se nos mire y se nos escuche porque somos buenos aunque no perfectos. Pero esta forma benigna es distinta a sentir que nos merecemos cosas porque hacemos o damos más que los demás. El merecimiento maligno es ególatra y soberbio. El benigno es humilde.

Una vez descrito el merecimiento maligno, la actitud de agradecimiento se describe por sí sola. Esta nos libera de la ansiedad de conseguir más atención y aprecio de los demás y nos ayuda a verlos positivamente, sin exigirles ni juzgarles. El agradecimiento produce tranquilidad y sensación de bienestar, pero también un sentimiento de conexión especial con las otras personas y con el mismo entorno. El agradecimiento a las personas queridas, a la naturaleza misma o a algún Dios nos hace contemplar con mayor alegría todo lo que nos rodea. Y también nos permite observarnos a nosotros mismos y querernos mejor.

Sé que no es fácil explicar todo esto científicamente, pero así ocurre en la vida diaria. Sin embargo, tampoco es tan raro y misterioso. La persona que agradece deja de sentirse un objeto rechazado o maltratado y pasa a ser un sujeto de agradecimiento, alguien que da algo al otro. Esto mejora de manera automática su autoimagen y la visión de ella misma se vuelve también más tierna y comprensiva. Porque es un hecho clínicamente contrastado que las personas con sensación de merecimiento también se exigen demasiado a sí mismas, no solo a los demás.

El agradecimiento se consigue cuando abrimos la mirada y el pensamiento a las partes positivas de las cosas y de las personas. A su vez, este sentimiento cambia nuestra forma de ver las cosas y a las personas y permite una percepción más bella de todo.

Dicho esto, queda claro que la mejor forma de salir del enfado y de la infelicidad que produce la sensación de merecimiento es empezando a pensar que no nos merecemos nada. Lo que nos dan los otros es un mero regalo.

Incluso hay componentes biológicos que explican algunos de estos fenómenos. La sensación de agradecimiento pudiera asociarse a la secreción de hormonas como la oxitocina o el péptido intestinal vasoactivo (VIP), que producen sentimientos de apertura emocional hacia los demás y de tranquilidad. Algunas personas tienen más fácil el agradecimiento porque probablemente tienen un mejor funcionamiento de estas hormonas. Pero no olvidemos que sobre todo es una actitud, un proceso intencional y activo que podemos practicar todos y podemos llegar a adquirir como un hábito.

Como en otras de las virtudes que vimos con anterioridad, hay que prestar atención y no dejarse engañar por los falsos agradecimientos. Algunas expresiones intensas de este sentimiento son el barniz de comportamientos excesivamente complacientes y dirigidos a ganarse la atención o el favor de los otros, que en la terminología psiquiátrica se calificarían como conductas histriónicas y seductoras.

También algunas personas falsamente humildes (la pseudohumildad que hemos visto antes) utilizan profusamente las expresiones de agradecimiento como una forma de mostrar un aparente sentimiento de pequeñez y ganarse el apoyo de otras personas.

Y finalmente, algunas personas de carácter emocional e impulsivo repetirán con intensidad las expresiones de agradecimiento, de manera sincera en el momento en que lo hacen, pues íntimamente temen perder a la persona que aman. Pero es probable que el agradecimiento les dure poco y pasen pronto al merecimiento.

Como conclusión, podemos entender que hay situaciones en las que el agradecimiento nos viene automáticamente, porque así lo notamos, pero que hay muchos aspectos de nuestra vida por los que podemos sentirnos agradecidos a otras personas o al universo y se nos han olvidado. Intentar ver estos aspectos, con una mirada más positiva y desde una postura vital menos egoísta, nos ayudará a encontrarnos mejor. Y el sentimiento de agradecimiento nos permitirá a su vez mirar de una manera más satisfecha y feliz al mundo, a las otras personas y a nosotros mismos.

Trascendencia

Trascender significa ir más allá de los límites de uno mismo. Esto en principio puede parecer una actitud de grandiosidad, de ser como dioses y salir de nuestros límites humanos. Pero no es este el sentido profundo del término. La trascendencia implica que todo aquello que hacemos no afecta solo al mundo que conocemos, sino que tiene un sentido dentro de un orden superior que ignoramos.

Muchos se estarán preguntando qué demonios pinta la trascendencia en la salud mental y en el camino a la felicidad. La verdad es que no resulta fácil de explicar, y mucho menos demostrar que tienen una conexión directa.

El sentido de la trascendencia ha tenido siempre un lugar en el campo de la filosofía. Hasta el siglo xviii, todos los filósofos consideraron que el ser humano tenía un sentido trascendente que estaba escrito por algún ser o fuerza sobrenatural al que llamábamos Dios. A partir de la filosofía empirista de Hume, el pensamiento humano abandona la idea de Dios y se centra en la explicación de los procesos sensibles y naturales que ocurren en las personas. Desde esta perspectiva, y hasta hoy en día, la ciencia se dedica a conocer y a transformar aquellos procesos naturales que pueden acercar al hombre al bienestar y a la felicidad.

La psicología, la psiquiatría y la salud mental están centradas en la relación de los hombres consigo mismos, con otras personas y con la naturaleza. Los secretos y las técnicas para conseguir una buena salud mental se buscan en un entorno natural donde el hombre es un animal más, solo que más complejo. El ser humano es el animal con mayor inteligencia y por ello es capaz de dominar al resto de los seres vivos, al tiempo que también puede hacer lo mismo con otros seres humanos menos inteligentes o con menos medios de defensa. Es en este escenario de animales más o menos inteligentes que se juntan y compiten entre sí donde las ciencias tienen que explicar los mecanismos de la búsqueda del bienestar, las formas de manejar el estrés, o los secretos para sentirse valioso y tener una buena autoestima.

Pero también tenemos que explicar asuntos psicológicos como la capacidad de aceptación del sufrimiento, la mayor o menor inclinación al suicidio, la confianza y la persistencia en la lucha a pesar de ser conscientes de nuestra propia muerte, hagamos lo que hagamos. Es en este tipo de preguntas a las que la ciencia puramente natural no consigue encontrar respuestas.

Ante la falta de respuestas de las ciencias naturales, los más materialistas acuden al discurso social y afirman que todos los sufrimientos están producidos por los mismos hombres y por sus estructuras de poder, que crean angustias y sentimientos de culpa. Y que el bienestar humano depende de tener todos los bienes materiales y emocionales que necesita. Si el ser humano no cree en nada sobrenatural, no debe existir la angustia ante la muerte ni el sentimiento de culpa. Pero las posturas puramente materialistas no han resultado hasta hoy en una mayor felicidad de las personas, ni para las ricas del mundo capitalista ni en el ámbito comunista. Es verdad que en sistemas totalitarios como el de Corea del Norte las personas parecen más felices porque no tienen ambiciones materiales y no tienen que tomar decisiones al respecto. Pero esto es a costa de creer en la divinidad de su presidente y de esconder los sentimientos de miedo y de culpa que les surgen ante la propia idea de la disidencia.

Pero la consciencia de trascendencia, aparte de las disquisiciones filosóficas, tiene una traducción en la práctica clínica. Sentirse así implica formar parte de un lugar común en el que adquieren significado algunos aspectos de la vida humana, como la conducta ética. Esta actitud ante la existencia solo es posible desde el sentimiento de que hay un bien común superior al individual. La trascendencia nos empuja a buscar nuestro bienestar a la vez que el común, e incluso nos llevará en ocasiones a renunciar al bienestar propio por el universal. El sentimiento de trascendencia nos invita a ser amables con los demás y nos da razones para ser compasivos y equitativos. De hecho, el sentido del bien y del mal solo es posible desde la sensación de trascendencia. De no ser así, estos serían siempre relativos y dependerían de las coyunturas humanas y culturales del momento.

Hasta hace solo unos años, existía el segregacionismo entre negros y blancos en Estados Unidos, el país más moderno y democrático del mundo, y no muchas décadas antes se permitía el tráfico de esclavos. Pues bien, el sentimiento de que nuestros actos repercuten en algo más que en nuestro propio beneficio nos lleva al sentimiento de humanidad como un concepto trascendente del hombre. Y, como humanidad, las personas no pueden permitir ya la existencia de esclavos en este momento de su historia. El sentimiento de trascendencia nos empuja a intentar mejorar el mundo de los humanos, pero también el del planeta y el del universo entero.

En lo que concierne al sufrimiento humano, el sentido de la trascendencia permite ver las situaciones con una perspectiva más larga y flexible que si solo lo miramos desde nuestra vida individual. Las enfermedades, las pérdidas, las derrotas y hasta las injusticias se aceptan mejor desde la actitud trascendente de entender que somos solo la parte de un todo en el que las desgracias ocurren y no son responsabilidad de los hombres. Esta actitud trascendente nos protege de los sentimientos de rabia y de la culpabilización a los demás, o incluso a nosotros mismos, por las calamidades y desgracias que nos ocurran.

El sentimiento de trascendencia nos hace más fácil aceptar que somos limitados e imperfectos y nos ayuda a entender que el sentido de la vida no puede ser solamente el engrandecimiento de nuestra imagen individual. Nos ayuda a interpretar de una manera menos trágica nuestros errores y derrotas, sin que signifiquen un fracaso en la vida.

Sentirnos trascendentes nos ayuda a esforzarnos, a superar nuestros límites, a sacrificarnos por los demás y por el bien común. Cuando vemos en las imágenes de televisión a una persona paralítica que se ha esforzado hasta el límite para destacar en la práctica de un deporte, solo podemos interpretarlo desde el sentido de la trascendencia, como un acto dirigido a impactar en toda la humanidad y en el universo. Si no fuera así, solo nos quedaría pensar que el gesto del paralítico es tan solo un ejercicio de engrandecimiento personal y de egolatría.

La actitud trascendente posibilita a las personas encajar mejor las grandes tragedias de la vida convirtiéndolas con el tiempo en una oportunidad para hacer un bien general. El fallecimiento de un hijo por una enfermedad grave puede llevar a sus padres, desde el sentido trascendente, a crear una fundación para la ayuda y la investigación de dicha dolencia, en el caso de que tengan alta capacidad económica. En otros casos puede dar lugar a un cambio en la vida de los familiares hacia actitudes menos egoístas y más comprometidas con el bien común. En cualquiera de los casos, la trascendencia nos puede librar del resentimiento, de los sentimientos de culpa y la depresión crónica consecuentes a la desgracia.

El sentido de trascendencia frente a la desgracia lleva siempre a lo amable y a lo compasivo. No tiene nada que ver, más bien es lo contrario, con las actitudes grandiosas de reivindicación y de venganza que se organizan a menudo para recordar a las personas que sufrieron desgracias. La reivindicación sitúa la culpa de la desgracia en el ámbito de lo humano y busca la reparación desde un sentimiento de rabia. La trascendencia reduce la necesidad de buscar culpables ante las desgracias y también los sentimientos de venganza. Esta actitud aspira siempre a la recuperación emocional desde la amabilidad.

Algunos autores piensan que todo esto de la trascendencia no es más que una idea, y que todas las actitudes compasivas, éticas y universalistas vienen ya inscritas en la secuencia genética de los humanos y son conductas puramente naturales. Y, a diferencia de lo que podría parecer a primera vista, esta posibilidad no es incompatible con el sentimiento de trascendencia sino todo lo contrario. Los genes humanos están localizados en los cromosomas de las células, pero no todos ellos se activan y se expresan. La expresión del sentimiento de comunidad y de universalidad podría depender del impacto del estrés y del dolor en nosotros mismos y del que observamos en otros seres humanos. Por ello, las personas que están más cerca del dolor de los otros tienen un mayor sentido de la trascendencia humana y con ello, a su vez, una mejor actitud para el sacrificio y para tolerar las adversidades.

Además, la posibilidad de que las actitudes compasivas, éticas y trascendentes estén inscritas en nuestros genes no haría sino recalcar nuestra pertenencia natural a un sistema superior que supera nuestra propia lógica egoísta.

Estén o no inscritas en nuestros genes, las actitudes trascendentales y éticas de las personas van más allá del puro instinto de supervivencia. El médico alemán Viktor von Weizsaecker, en el siglo xx, escribía sobre la imposibilidad de entender las figuras del héroe o del mártir desde la lógica biológica de la supervivencia, y se preguntaba por la existencia de actitudes específicamente humanas que no se corresponden con la biología puramente animal.

En definitiva, la actitud trascendente ante la vida permite acercarse a la felicidad en un mundo lleno de tragedias y sinsabores, algo que desde las guías de salud mental científicas no podríamos abordar. Una buena salud mental no será suficiente para soportar el sinsentido del sufrimiento o para llevar con alegría el cuidado de un familiar enfermo o anciano. Solo el sentido ético y la consciencia de la trascendencia de nuestras acciones pueden ayudarnos a ser felices en estas situaciones.

Espiritualidad

Empezaré por dejar claro que el concepto de espiritualidad no es igual al de religiosidad. Hay personas con espiritualidad que son religiosas y otras que no lo son. Tampoco es exactamente lo mismo que la trascendencia, pero estas se complementan entre sí: la actitud de trascendencia puede llevar a una mayor espiritualidad y lo mismo ocurre en el sentido contrario.

Cuando era niño, me impresionaba ver a los indios, en las películas del Oeste, invocar a sus espíritus antes de ir a la batalla, sobre todo a Manitú (aquel nombre se me quedó grabado), mientras bailaban y gritaban con las caras pintadas, en círculos y moviendo las hachas. La verdad es que me daban miedo. Por el otro lado estaban los yanquis, con cara seria, que como mucho se santiguaban o rezaban una oración. A mí me parecía que los espíritus de los indios eran más fuertes y temibles que el de los yanquis, y si no fuera porque creía que el Espíritu Santo era el verdadero, hubiera pensado que los indios hubieran arrasado. Al final siempre ganaban los yanquis, lo que me confirmaba que el nuestro era el real.

En otra película recuerdo cómo el jefe indio invocaba al espíritu del halcón antes de conducir a su pueblo derrotado hacia las reservas a las que habían sido desterrados, y le pedía que encarnara en él su visión certera y alta y su indomable espíritu de libertad.

Los avances en el conocimiento científico han disminuido en gran medida la espiritualidad de las sociedades humanas. Podemos encontrar una explicación para la mayoría de los enigmas del universo y de la naturaleza, y eso hace pensar que los asuntos espirituales son supercherías sin base científica e impropias para el momento tecnológico actual. La tecnología y la ciencia médica también nos hacen sentirnos más seguros en el mundo y necesitamos por ello rezar menos.

Pero no por ello la espiritualidad ha desaparecido, como tampoco lo hizo en los países sometidos al materialismo ateo de la órbita soviética en el siglo xx, y allí resurgió posteriormente con mayor fuerza. Los toreros y los futbolistas siguen santiguándose cuando saltan al ruedo o al campo, y muchos actores norteamericanos buscan nuevas fuentes de espiritualidad en el budismo. Los avances científicos y tecnológicos han aumentado sin duda el bienestar de las personas, pero parece que esto no es suficiente para vivir confiados y felices y seguimos buscando algo más.

La espiritualidad no resulta fácil de definir, pero sería algo así como la actitud contraria al materialismo. Si este nos hace pensar que todo lo que nos ocurre está explicado en nuestra materia humana, la espiritualidad tiende a creer en fuerzas y fenómenos que no son materiales.

Para una persona materialista, el amor es el resultado de la pasión erótica inicial seguida por un afecto mutuo y un compromiso de convivencia beneficioso para ambos miembros de la pareja. Para alguien espiritual, el amor duradero es el resultado de un encuentro personal íntimo e inexplicable entre dos personas que deciden proteger esa comunión vital frente a todas las vicisitudes. Para la persona materialista, el amor se acaba cuando la relación deja de ser atractiva y mutuamente beneficiosa y no queda otra opción que cambiar de pareja. Para la gente espiritual, el amor verdadero está siempre presente, aunque pueda haber sido desvirtuado por la falta de cuidado de los amantes. El materialista obedece las órdenes de sus sentimientos y emociones naturales. El espiritual cree que sus emociones naturales pueden estar estrangulando el amor verdadero.

La espiritualidad es una actitud, un proceso activo, como el resto de virtudes comentadas con anterioridad. Eso la diferencia de la superstición y de las creencias mágicas y esotéricas, que son fenómenos pasivos. Y también la distingue de la religiosidad meramente ritualística. La persona supersticiosa tiene el miedo o la convicción de que hay fuerzas no naturales que pueden hacernos daño y que debemos evitar cumpliendo una serie de ritos o de conductas extrañas. Por todo lo anterior, se ve poseída por esa creencia, que se le impone de manera pasiva. Por el contrario, la persona espiritual intenta activamente creer que hay fenómenos más allá de nuestra posibilidad de explicación. Y lo hace no como una moda o como una convicción excéntrica, sino porque siente que lo necesita para salir de su infelicidad.

Sigmund Freud y el psicoanálisis consideraban la espiritualidad como un mecanismo de defensa mental construido por el humano para aliviar la angustia ante la soledad de la muerte. Mediante este recurso, las personas aplacaban sus miedos con las promesas de las religiones y llenaban sus vacíos con la creencia en seres imaginarios y benevolentes. En términos sencillos, la espiritualidad es para Freud una defensa contra el miedo a la muerte y las religiones, una invención para tranquilizarnos.

Sin embargo, años más tarde, otros autores también cercanos al psicoanálisis, como el filósofo francés Henri Bergson, acuñaron el término «espiritualidad inconsciente». Estos pensadores señalaban que la espiritualidad no era una construcción consciente para ocultar un miedo inconsciente, sino que ella misma constituía un fenómeno incrustado en nuestro inconsciente. Se trataría de un instinto, como la sexualidad, la agresividad o el miedo. Y estaría en nuestra mente mucho antes de que nosotros pudiéramos pensarla e inventarla. Los psiquiatras de las corrientes humanistas, como Viktor Frankl, utilizaron este concepto para proponer que el hombre porta, de manera innata, un impulso de espiritualidad que le lleva a buscar un sentido a la vida misma, a la muerte y al sufrimiento que acompaña al trayecto de la existencia.

Pero, en realidad, esto no lo habían inventado ellos, porque un siglo antes, en el XIX, el filósofo danés Søren Kierkegaard había hablado del instinto y de la voluntad de creer como la única manera de darle un sentido al sufrimiento humano. Según Kierkegaard, querer creer era la voluntad suprema del hombre y la que le libra de la desesperación ante la nada que significa la muerte.

Bueno, ya sé que he vuelto a meterme en disquisiciones filosóficas de las que me gustan. Pero yendo a lo práctico, la espiritualidad es un deseo de creer que hay un sentido para algunas cosas que la ciencia no puede explicar. Algunos dirán que eso es producto de la imaginación. Pero eso no es malo, todas las realidades que experimentamos las interpretamos y las vivimos en nuestra imaginación y a nuestra manera.

Querer creer es el núcleo esencial de la espiritualidad. Esto es una forma de nombrar la esperanza sin nombrarla y es un decir no a la apatía y a la indiferencia. Es más importante para la salud mental y para la felicidad querer creer que creer en muchas cosas. Las personas con mayor espiritualidad no son las más fantasiosas o las que proclaman ser fervientes creyentes. La espiritualidad es una actitud de búsqueda de sentido más allá de lo material y de lo humano, pero no es una convicción. Sin embargo, el hecho mismo de buscar implica ya que se cree en algo. Por eso la espiritualidad está ligada al sentimiento de confianza y de esperanza, y con ello se convierte en un camino que también nos acerca a la felicidad.

Quienes tienen una actitud espiritual buscan un sentido más allá de la materia y ello les ayuda a ser algo más felices. Las personas con una buena salud mental pero sin actitud espiritual están más expuestas a la desesperación frente a las desgracias o al hastío mismo de la vida material. La espiritualidad puede proteger a las personas frente al sentimiento de vacío existencial y al consumismo desenfrenado que suele venir después.

Nuestro jefe indio del inicio quería creer que Manitú les daría la fuerza y la victoria en la batalla contra los yanquis, aunque no lo tenía muy claro. Pero su actitud espiritual de querer creer seguramente le daba esperanza, confianza y una mayor fuerza en el combate.

Sentido del humor

Albert Camus, filósofo existencialista (aunque él no quería definirse así) y escritor del siglo xx, señalaba que el humor es nuestra defensa ante la desesperación de lo absurdo de la existencia. Nuestro pensamiento se inclina a buscar una lógica que no consigue encontrar en muchos momentos de confusión y de sufrimiento. El sentido del humor nos ayuda a enfrentarnos a ello y a hablar el discurso de lo absurdo, nos da un respiro ante tanta racionalidad sin sentido.

La risa sería, para Camus, el momento desbordante del humor ante el absurdo. Cuando un camarero da un tropezón tontorrón en la calle y se le caen las botellas que llevaba en la bandeja explota una risa incontrolable en muchas personas. La sensación absoluta de descontrol en la que el camarero profesional, vestido con un uniforme blanco impoluto, parece de pronto un muñeco de guiñol dando tumbos, es lo que desata la risa. Todos hemos vivido situaciones como esa en la que tenemos que reprimir la risa para no parecer unos sádicos. Pero, atención, si el accidente del camarero no es por un tropezón tonto, sino que se debe a que alguien le empuja, no nos produce tanta risa, porque no es tan absurdo.

Freud, contemporáneo durante parte de la vida de Camus, consideraba el sentido del humor como uno de los mecanismos de defensa maduros, de los que nos permiten vivir la vida con más tranquilidad y con menos neurosis.

Pues bien, pasemos de la filosofía a la vida real. La salud mental nos permite entender el sentido de las relaciones humanas y de nuestras emociones y conductas. Pero hay situaciones vitales y preguntas existenciales a las que no puede responder. Algunos asuntos son muy dolorosos e incomprensibles racionalmente, como la muerte prematura, en especial si ha sido por un descuido mínimo, y solo desde la aceptación y la trascendencia se puede encontrar algún consuelo.

Pero, aparte de estas situaciones trágicas, hay muchas otras, la mayoría, que lo parecen porque nosotros las consideramos así. Convertimos en importantes, y hasta en dramáticos, aspectos de la vida que solo afectan a nuestra capacidad económica, a nuestras vacaciones o a nuestras metas profesionales. Dejando a un lado la discusión sobre si la vida tiene sentido o no, parecen absurdas tantas preocupaciones y tan fatigosas cuando el final va a ser el mismo, la muerte. Nuestro egocentrismo, nuestras comparaciones y nuestros miedos producen una angustia y una infelicidad que, como diría Camus, no tiene sentido.

Pues bien, el sentido del humor nos puede ayudar a reducir un poco el drama. Pero, aunque esto suene bien sobre el papel, tener sentido del humor no es nada fácil.

> *Un matrimonio estaba al borde del divorcio tras haber perdido un billete de lotería muy premiado, que se fue a la lavadora en el bolsillo de un pantalón.*

> *Un joven de veintisiete años estaba al borde de la desesperación suicida al acudir a la última prueba de su oposición de abogado del Estado el día erróneo, tras anotarlo mal en su agenda cuando leyó la convocatoria.*

> *Un joven de veintitrés años perdió la concesión de una beca de estudios en el extranjero por equivocarse al apuntar su año de nacimiento en la aplicación informática (en lugar de 1999 puso 1990). El sistema entendió que era demasiado mayor para aspirar a la beca y le descartó.*

Tres ejemplos reales, en los que las técnicas psicológicas de relajación y algunos tranquilizantes es todo lo que pueden hacer los psiquiatras y psicólogos para mitigar la desesperación. La aceptación, la trascendencia o la espiritualidad no pueden hacer mucho aquí, porque se trata de asuntos bastante mundanos. Tan solo conseguir que se acaben riendo de ello puede ayudar a superar estos absurdos.

El sentido del humor está ligado a la flexibilidad cognitiva, es decir, a ver las situaciones con una lógica menos rígida que la de blanco o negro. Tras reírse de una situación desgraciada y absurda, da la impresión de que la desesperación se fuera y todo pareciera más relativo. Cuando uno se ríe, a veces ambas opciones de un dilema son posibles, bien una antes y otra después, o un poquito de cada a la vez…: no es tan importante. El humor también nos da acceso a la confianza en lo profundo del otro y a la amabilidad. Al actuar con sentido del humor intentamos conectar con un núcleo interior del otro que está tapado por la ansiedad y el enfado, pero que está también deseando ser liberado de estos. Si le hacemos sonreír, lo habremos conseguido.

Decía Freud que el sentido del humor nos permite soportar las imperfecciones, las ajenas y las propias, sin torturarnos mentalmente. Cuando tenemos una actitud de humor, los problemas dejan de ser tan importantes. Y también sucede lo mismo con nuestra propia imagen ante los demás y nuestro perfeccionismo. Porque no olvidemos que el sentido del humor, como todas las virtudes anteriores, es una actitud, algo activo que nosotros intentamos tener. No se trata de que nos venga la risa tonta cada vez que hay un conflicto, porque eso sería ya otro problema, probablemente de inmadurez. Se trata de que debe haber una intención de ver las cosas con sentido del humor ante las exageraciones de nuestras preocupaciones. Para algunos, esto es más fácil por su temperamento, para otros más difícil, pero para todos será bueno en el camino a un vivir menos infeliz.

Pero el humor tiene también su parte insana. Se trata del provocado por la ridiculización del otro, del usado como ironía destructiva. El sentido del humor solo es sano cuando lo tenemos para nosotros mismos o cuando es mutuamente compartido. Es sano reírnos de nosotros mismos, de nuestras vergüenzas y nuestros miedos, y también lo es cuando nos reímos del otro junto con la otra persona. El humor utilizado como tóxico envenena a la víctima, la humilla y degrada su salud mental, como ocurre con tanta frecuencia en los casos de *bullying*. Pero también envenena la salud mental del que lo ejerce, aunque no lo parezca a primera vista.

El humor conlleva desdramatizar las cosas, mantener una actitud positiva, reducir las posturas rígidas, confiar en que todo pasará o saldrá adelante. Reírnos de nosotros mismos reduce nuestra angustia egocéntrica por nuestra imagen. Reírnos con los demás nos hace más flexibles y humanos, y a ellos también. Por el contrario, reírnos de los demás es un síntoma de inseguridad y de amargura interior.

Epílogo

La salud es un estado privilegiado que solo apreciamos cuando la perdemos, como muchas otras cosas. Cuando estamos sanos, nos encontramos bien y en condiciones de hacer nuestras tareas. Aunque estar bien y sano no es exactamente lo mismo que sentirse bien, esta es una cuestión que depende además de las circunstancias y de nuestra actitud ante ellas. Por ello, la salud ha de valorarse como un medio para sentirse bien, pero no debe tomarse como un fin en sí misma.

La salud es un estado que todos queremos cuidar. Pero no debería convertirse en una obsesión por estar perfectos. Recibimos excesiva información sobre lo que se debe beber, comer, ejercitar, evitar o detoxificar para estar sanos, a menudo cuestionando hábitos que llevábamos con satisfacción y por lo general, responde más a criterios comerciales que científicos. Cuando se convierte en una obsesión, la salud pasa a ser una meta en sí misma, una ilusión de inmortalidad. Y entonces pierde su finalidad: permitirnos buscar la felicidad.

Tener salud mental tiene sentido porque nos hace libres para decidir. Pero al hablar tanto de ella, y desde tantas visiones, empieza a parecer que la salud mental es la forma correcta de actuar en la vida frente a los problemas. Asunto difícil cuando los criterios de salud mental dependen además de la cultura predominante ya que corremos el riesgo de sustituir los mandamientos de las antiguas religiones por las recetas de los nuevos mandamases. La salud mental no deriva de modas ideológicas sino de fenómenos naturales que reducen el malestar y ayudan a tolerar el estrés, estimulando las habilidades mentales y relacionales. La salud mental está ligada a un bienestar más interno que externo y existen consejos y reflexiones en este libro que pueden ayudar a su consecución.

Pero el ser humano busca algo más indefinible, que es la felicidad. Algo que va más allá de las leyes naturales de la psique y que se sitúa en los límites que le hacen trascender a su propia naturaleza animal. En un mundo donde sabemos, a diferencia del resto de animales, que nos espera la muerte, que vamos a enfrentar enfermedades, pérdidas e injusticias, intentar ser feliz toca el ámbito del misterio y moviliza la condición humana más allá de la salud mental. Porque esta no es el fin, sino solo un medio para aspirar a algo distinto, más próximo a la felicidad. Y espero que este libro les haya hecho, al menos, reflexionar sobre ello.